菩提本無樹，明鏡亦無台。佛性常清淨，何處有塵埃。

經典3.0
ClassicsNow.net

明鏡與風幡

六祖壇經
The Sutra of Hui Neng

惠能 原著

葛兆光 導讀

李志清 故事漫畫

他們這麼說這本書
What They Say

插畫：吳冠廷

中國禪宗唯一經典

胡適

📅 1891 ～ 1962

💬 學者胡適在《菏澤大師神會傳》一文中，認為《六祖壇經》實際上是神會所著，此一說法引發許多爭議。但他仍將此書稱為「中國禪宗唯一經典。」

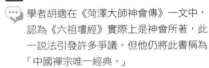

錢穆

📅 1895 ～ 1990

💬 國學大師錢穆在《六祖壇經大義》中稱惠能為：「影響中國最大的二位思想家之一。」並且將《壇經》與《論語》、《孟子》等書並列，視為探索中華文化必讀的經典之一。

影響中國最大的二位思想家之一

東方精神文學的最大傑作

艾倫・瓦茨 Alan Watts

📅 1915 ～ 1973

💬 研究禪學著名的英國學者艾倫・瓦茨，著有《禪之道》（*The Way of Zen*）、《東西方心理治療》（*Psychotherapy East and West*）等書。他認為《壇經》是「東方精神文學的最大傑作」。

藍卡斯特 Lewis Lancaster

📅 不詳

💬 美國當代學者藍卡斯特是研究佛教經藏的專家,目前從事數位佛學的發展,著重在數位佛學和人文科學的結合。他認為:「《壇經》是西方世界最熟知的佛教經典之一。」

西方世界最熟知的佛教經典之一

葛兆光

📅 1950～

💬 這本書的導讀者葛兆光,現任上海復旦大學文史研究院院長。他認為:「禪宗在上個世紀迅速的流行,帶來了對現代化的反思,它對理性、科學是有批判意義的,可以成為一個新的思想資源。對於居住在城市當中的現代人,因為一直存在緊張、焦慮、生存的競爭,以及人和人老死不相往來的隔膜,很多西方人認為,禪可能為西方帶來一種新的、可以改變生活的一種資源。他們認為禪宗不僅僅是東方的,也是世界的。所以,禪宗變成了世界文化資源。」

禪宗不僅僅是東方的也是世界的

你

📅 ？

💬 在二十一世紀此刻的你,讀了這本書又有什麼話要說呢?請到classicsnow.net上發表你的讀後感想,並參考我們的「夢想成功」計畫。

你要說些什麼？

3

和作者相關的一些人
Related People

插畫：吳冠廷

📅 生卒年不詳

💬 約為中國南北朝時期，傳說是南天竺某國王子。他從海路來到廣東，據考證時間至遲在劉宋滅亡前，他在江南生活很長一段時間，然後渡江到北魏教授禪法，被認為是中國禪宗的始祖。

達摩

弘忍

📅 601 ～ 675

💬 禪宗五祖，他從四祖道信出家於蘄州黃梅雙峰山，後來承接衣缽為五祖。因為跟隨他學法者越來越多，於是他在雙峰山東面另外成立道場，名為東山寺。神秀、惠能、法如都出自他門下，他的禪學被稱為「東山法門」或「黃梅禪」。

 606 ～ 706

💬 他五十歲時才投入五祖門下。他主張漸修之說，認為人需要不斷修行，必須「時時勤拂拭」，才能保持清淨之心。也就是修行必須經過一個漫長艱苦的過程，這與惠能的頓悟之說是極大的差異，神秀的主張在安史之亂之前盛行長安、洛陽一帶，被稱為「北宗禪」。

神秀

📅 638～713

💬 本來以賣柴為生，偶聽人唸誦《金剛經》，便
　萌生學法之意，於是便投入五祖門下。他主張
　人心就是佛性，本來就是清淨的，所以只要能
　夠回到佛心便可以當下解脫。這種頓悟之說，
　日後形成中國的南宗禪。傳說中他繼承五祖衣
　缽而被稱為六祖。

📅 684～760

💬 惠能弟子。原本南宗盛行於南方，聲勢不若北宗，神
　會多次北上與北宗辯論，尤其自開元二十二年的「滑
　台大會」之後，逐漸確立與北宗相抗衡的思想體系，
　以及從惠能到自己的傳法體系。

📅 ?～681

💬 弘忍的又一弟子。跟隨弘忍十六年，直到弘忍去
　世。有人認為，比起神秀與惠能，法如更有成為
　繼承人的可能。支持這種說法的根據是，《法如
　行狀》、《皇唐嵩嶽少林寺碑》的傳法譜系，都
　說弘忍之後是法如，而非惠能或神秀。

這本書的歷史背景
Time Line

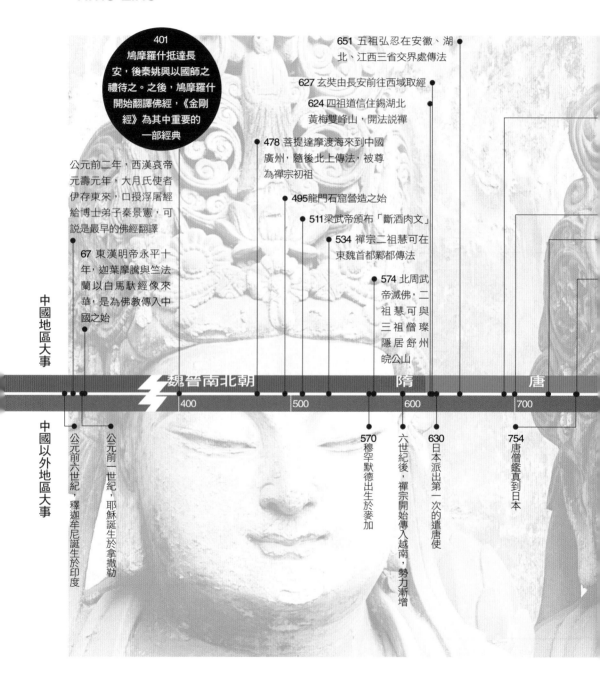

401 鳩摩羅什抵達長安，後秦姚興以國師之禮待之。之後，鳩摩羅什開始翻譯佛經，《金剛經》為其中重要的一部經典

公元前二年，西漢哀帝元壽元年，大月氏使者伊存東來，口授浮屠經給博士弟子秦景憲，可說是最早的佛經翻譯

67 東漢明帝永平十年，迦葉摩騰與竺法蘭以白馬馱經像來華，是為佛教傳入中國之始

651 五祖弘忍在安徽、湖北、江西三省交界處傳法

627 玄奘由長安前往西域取經

624 四祖道信住錫湖北黃梅雙峰山，開法說禪

478 菩提達摩渡海來到中國廣州，隨後北上傳法，被尊為禪宗初祖

495 龍門石窟營造之始

511 梁武帝頒布「斷酒肉文」

534 禪宗二祖慧可在東魏首都鄴都傳法

574 北周武帝滅佛，二祖慧可與三祖僧璨隱居舒州皖公山

中國地區大事

魏晉南北朝　　　　　隋　　　　　　唐

400　　　500　　　600　　　700

中國以外地區大事

公元前六世紀，釋迦牟尼誕生於印度

公元前一世紀，耶穌誕生於拿撒勒

570 穆罕默德出生於麥加

六世紀後，禪宗開始傳入越南，勢力漸增

630 日本派出第一次的遣唐使

754 唐僧鑑真到日本

689
惠能在大梵寺說法
由門人法海記錄
集結為《壇經》

● 700 北宗神秀一派在京師得到武則天與唐中宗的支持，勢力大盛

● 732 神會在河南滑台大雲寺召開無遮大會，與崇遠法師論戰，
逐步確立南宗的正統地位

● 769 馬祖道一創立洪州禪，百丈懷海即承襲此派禪法

● 845 會昌法難，唐武宗毀佛寺四萬多所

1926 胡適在巴黎發現敦
煌寫本神會《語錄》，另
外根據大英博物館中的敦
煌本《六祖壇經》，展開
禪宗史的研究

1900
道士王圓籙
發現敦煌藏
經洞

● 1004《景德傳燈錄》完成

五代十國	宋
900　　　1000	1100　　　1200

● 840 日本僧人撰著《入唐求法巡禮記》

1054
基督信仰分裂為東正教和天主教

1187
日本僧人榮西入宋求法，回國後創立臨濟宗

1223 日本禪師
道元入宋，回國
後創立曹洞宗

● 821 新羅僧人道義歸國傳播南宗頓悟禪，
禪宗在朝鮮日益興盛

● 804 日本僧人空海、最澄入唐

1893 日本僧人釋
宗演在芝加哥的宗
教會議上介紹禪宗
思想

1900 鈴木大拙撰著
與譯介禪宗的書籍

時代圖片

7

這位作者的事情
About the Author

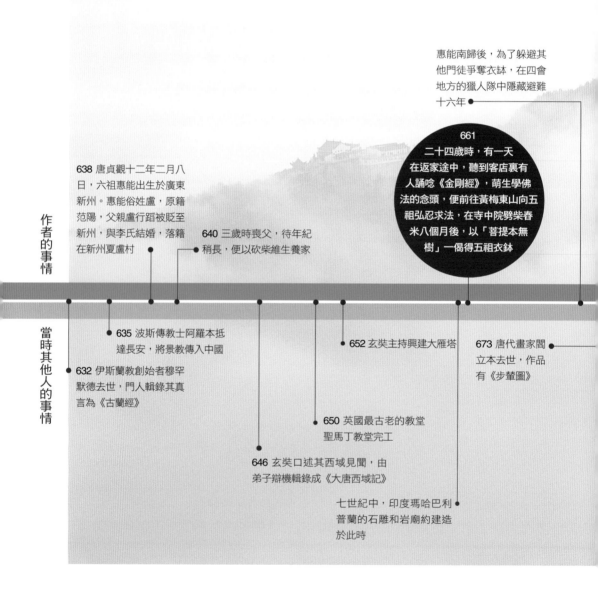

惠能南歸後，為了躲避其他門徒爭奪衣鉢，在四會地方的獵人隊中隱藏避難十六年●

661
二十四歲時，有一天在返家途中，聽到客店裏有人誦唸《金剛經》，萌生學佛法的念頭，便前往黃梅東山向五祖弘忍求法，在寺中院劈柴春米八個月後，以「菩提本無樹」一偈得五祖衣鉢

638 唐貞觀十二年二月八日，六祖惠能出生於廣東新州。惠能俗姓盧，原籍范陽，父親盧行蹈被貶至新州，與李氏結婚，落籍在新州夏盧村

640 三歲時喪父，待年紀稍長，便以砍柴維生養家

作者的事情

當時其他人的事情

635 波斯傳教士阿羅本抵達長安，將景教傳入中國

632 伊斯蘭教創始者穆罕默德去世，門人輯錄其真言為《古蘭經》

652 玄奘主持興建大雁塔

673 唐代畫家閻立本去世，作品有《步輦圖》

650 英國最古老的教堂聖馬丁教堂完工

646 玄奘口述其西域見聞，由弟子辯機輯錄成《大唐西域記》

七世紀中，印度瑪哈巴利普蘭的石雕和岩廟約建造於此時

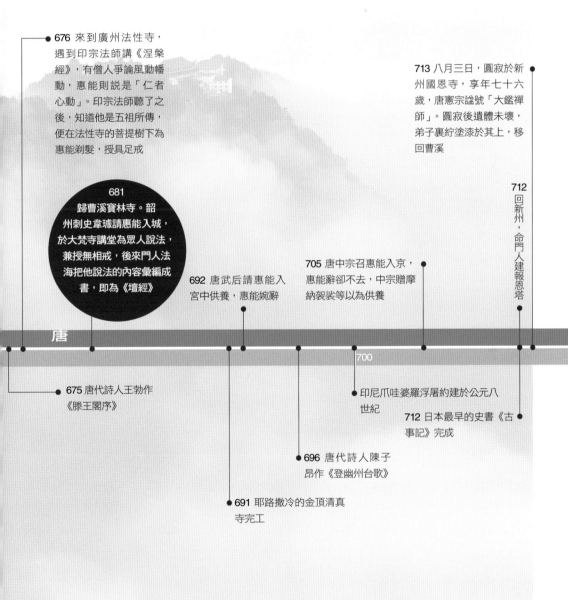

676 來到廣州法性寺，遇到印宗法師講《涅槃經》，有僧人爭論風動幡動，惠能則說是「仁者心動」。印宗法師聽了之後，知道他是五祖所傳，便在法性寺的菩提樹下為惠能剃髮，授具足戒

713 八月三日，圓寂於新州國恩寺，享年七十六歲，唐憲宗諡號「大鑑禪師」。圓寂後遺體未壞，弟子裹紵塗漆於其上，移回曹溪

681
歸曹溪寶林寺。韶州刺史韋璩請惠能入城，於大梵寺講堂為眾人說法，兼授無相戒，後來門人法海把他說法的內容彙編成書，即為《壇經》

712
回新州，命門人建報恩塔

692 唐武后請惠能入宮中供養，惠能婉辭

705 唐中宗召惠能入京，惠能辭卻不去，中宗贈摩納袈裟等以為供養

唐

700

675 唐代詩人王勃作《滕王閣序》

印尼爪哇婆羅浮屠約建於公元八世紀

712 日本最早的史書《古事記》完成

696 唐代詩人陳子昂作《登幽州台歌》

691 耶路撒冷的金頂清真寺完工

9

這本書要你去旅行的地方
Travel Guide

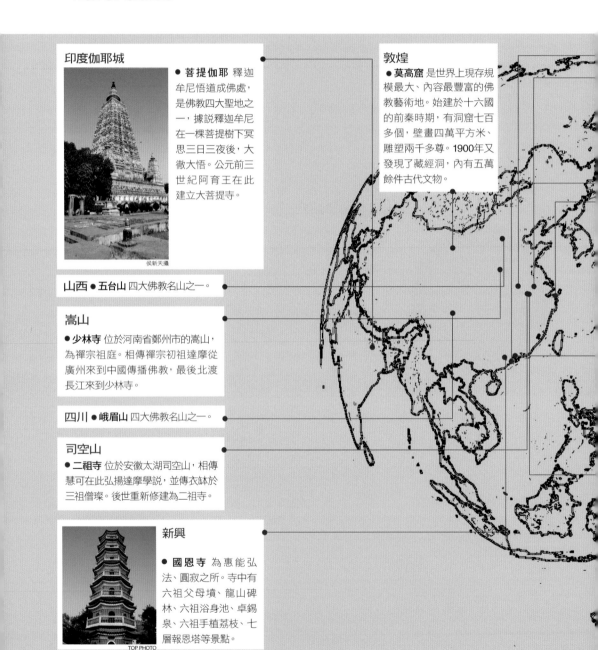

印度伽耶城

● **菩提伽耶** 釋迦牟尼悟道成佛處，是佛教四大聖地之一，據說釋迦牟尼在一棵菩提樹下冥思三日三夜後，大徹大悟。公元前三世紀阿育王在此建立大菩提寺。

俟新天攝

敦煌

● **莫高窟** 是世界上現存規模最大、內容最豐富的佛教藝術地。始建於十六國的前秦時期，有洞窟七百多個，壁畫四萬平方米、雕塑兩千多尊。1900年又發現了藏經洞，內有五萬餘件古代文物。

山西 ● **五台山** 四大佛教名山之一。

嵩山

● **少林寺** 位於河南省鄭州市的嵩山，為禪宗祖庭。相傳禪宗初祖達摩從廣州來到中國傳播佛教，最後北渡長江來到少林寺。

四川 ● **峨眉山** 四大佛教名山之一。

司空山

● **二祖寺** 位於安徽太湖司空山，相傳慧可在此弘揚達摩學說，並傳衣缽於三祖僧璨。後世重新修建為二祖寺。

新興

● **國恩寺** 為惠能弘法、圓寂之所。寺中有六祖父母墳、龍山碑林、六祖浴身池、卓錫泉、六祖手植荔枝、七層報恩塔等景點。

TOP PHOTO

黃梅縣雙峰山

- **四祖寺** 禪宗四祖道信大師於湖北黃梅縣雙峰山下建寺弘法，為中國禪宗叢林之始。今稱黃梅四祖寺。
- **五祖寺** 相傳四祖道信在此付法傳衣給五祖弘忍。後因為四方來學的人日多，便在雙峰山的東面馮茂山另建道場，名東山寺。

安徽 ● 九華山 四大佛教名山之一。

廣州

東北虎攝（Manchurian Tiger）

- **光孝寺** 唐代稱法性寺，是初祖達摩駐錫的第一站，也是六祖惠能落髮受戒的禪寺，歷代高僧在此傳法弘教，可以説是中國禪寺的源頭。

浙江 ● 普陀山 四大佛教名山之一。

韶關

TOP PHOTO

- **南華寺** 座落在廣東韶關市曹溪之畔，六祖惠能在這裏傳授佛法三十七年，寺內珍藏著六祖真身等歷史珍貴文物。
- **大鑑禪寺** 原名大梵寺。六祖惠能大師在湖北黃梅東山得法後，多次應邀到大梵寺為眾人説法。弟子海法後來將惠能在大梵寺的説法，輯錄成《壇經》。

天柱山

TOP PHOTO

- **三祖寺** 禪宗三祖僧璨來到安徽天柱山一禪寺弘法教學，並傳衣缽給四祖道信，並在此立化，後世稱此寺為三祖寺。

目錄 明鏡與風幡 六祖壇經
Contents

封面繪圖：李志清

《壇經》的問世和禪宗分為南北，就象徵了一個中國佛教史上也是中國文化史上重要的事情，就是佛教傳入中國以後，終於到這個時候，完全和徹底的變成了中國化的佛教。

菩提本無樹

遂出至廣州法性寺，值印宗法師講《涅槃經》。時有風吹旛動，一僧曰：『風動。』一僧曰：『旛動。』議論不已。
惠能進曰：『不是風動，不是旛動，仁者心動。』一眾駭然。

導讀

葛兆光

現任上海復旦大學文史研究院院長。主要研究領域是中國宗教、思想和文學。
著作有《中國禪思想史》、《中國思想史》、《古代中國文化講義》等。

要看導讀者的演講，請到ClassicsNow.net

侯新天攝

（上圖）菩提伽耶正覺大塔
佛陀的成道處菩提伽耶，佛教起源於印度，而後在中國大盛。
（右圖）鹿野苑初轉法輪塔
鹿野苑是佛陀初轉法輪之地。當年佛陀成道後，便是在此地向五位弟子說法。

今天我是門外談禪。為什麼這麼說呢？「門」有時候是隔絕內外，把門關起來，阻止人通行。但是，有的時候「門」也是打開，讓內外能溝通。不過，無論如何還是有一個門外和門內的問題。

開始談《六祖壇經》（以下簡稱《壇經》）之前，我要先提醒大家兩件事情。我下面所有講的話，都和這兩點有關。

從歷史學角度看禪宗經典

第一點，我是要從歷史學的角度，來談一本重要的佛教經典。大家知道，在佛教當中，所有能夠被稱之為「經」的書都是印度的書，至少名義上是印度書，必須是佛說才是「經」。但是唯一有一本書是中國人講的，中國人編的也叫「經」，那就是《壇經》。一般人對於《壇經》，可以分成兩種立場，一種是愛好者、信仰者，還有一種是研究者和歷史學家。用一個比喻，愛好者和信仰者就好像是在戲台下面看戲的觀眾。他看見的是演員所演的角色，所以，跟他同悲共喜。但是，我們學歷史的人有點讓人討厭，不是在台下看戲，而是在後台看卸了妝的演員，有點殺風景。他看到的是一種真實，而台下的觀眾看到的是演出裏面所帶的內容和感情。因此這兩種人的立場有點不一樣。像我這種老是在後台看卸了妝的演員，也許看到的不是他在台上扮演的青春靚麗的角色，也不是非常有感情色彩和曲折故事的劇情。總之，我今天講禪宗，就是把它放在歷史學，或者是求真實的歷史角度去講的。

在當代世界背景下理解禪宗的意義

第二點，現在講禪宗，已經不再只是我們中國人講禪宗。你還必須考慮到，它已經是全世界的一個文化資源。因此你要了解，對於要討論的禪宗來說，不能說中國人怎麼看，還得考慮到它已經傳播到西藏、日本、朝鮮，不但要看東亞人

吳霈娟攝

達摩 生卒年不詳，約為中國南北朝時期，傳說是南天竺某國王子。他從海路來到廣東，據考證時間至遲在劉宋滅亡前，被認為是中國禪宗的始祖。達摩在歷史中，曾出現許多如「一葦渡江」、「面壁九年」等傳說，但是根據學者考證，這些可能是出自後世的虛構。

怎麼樣來解禪，更重要的是二十世紀的時候，禪宗傳播到整個世界，所以還要明白西方人是怎麼樣了解禪的。

禪宗在上個世紀迅速的流行，帶來了對現代化的反思，它對理性、科學是有批判意義的，可以成為一個新的思想資源。對於居住在城市當中的現代人，因為一直存在緊張、焦慮、生存的競爭，以及人和人老死不相往來的隔膜，很多西方人認為，禪可能為西方帶來一種新的、可以改變生活的資源。他們認為禪宗不僅僅是東方的，也是世界的。所以，禪宗變成了世界文化資源。中國人裏第一個拿到諾貝爾文學獎的高行健，得獎之後寫了一個劇本《八月雪》，說到禪宗當中的六祖惠能就是東方的基督。一個西方科學家卡普拉（Fritjof Capra）在《物理學之道》（*The Tao of Physics: An Exploration of the Parallels Between Modern Physics and Eastern Mysticism*）當中也說，禪宗是拯救西方之道。所以，我們第一、要知道禪宗在歷史學上是什麼樣的意義，第二、在現代世界，禪宗又有什麼新的意義。

六祖惠能的傳說

我們先講一個大家都熟悉的故事，有關六祖的著名傳說。請大家注意，我這裏要提醒大家，我說的是傳說，而沒有說歷史，這意味著我並不認為這是真實的。但是，儘管它不是真實故事，卻非常有象徵性。大家可能聽說，在唐高宗時代，廣東新州有一個樵夫姓盧，他家的祖籍是現在的北京，他父親那一代發配到了廣東。這個人以砍柴為生，贍養他的母親。有一天他在城裏面賣柴，遇到一個人唸《金剛經》，據說他一聽《金剛經》，馬上心裏面一動，覺得這裏面有開啟人心智的真理。於是他就問唸經的人說，你唸的是什麼？這個人說我唸的是《金剛經》。他說你在哪裏學的呢？那個人告訴他在湖北黃梅，黃梅有一座山，這個山上有一個老和尚，我就是從那裏學的。這個盧樵夫就到了這座山上去尋找

TOP PHOTO

（上圖）少林寺。相傳達摩渡海來到嵩山少林寺時，認為這是一塊佛門淨地，決定在此授徒，少林寺因而成為禪宗祖庭。

（右圖）明 何朝宗《達摩渡海像》

北京故宮博物院

宋 石恪《二祖調心圖》
《二祖調心圖》是石恪的代表
作，他擅繪佛道、鬼神等人
物，筆法狂草，運用粗筆、
破筆與淡墨繪圖，很能表現
禪畫的意境。

北宗禪 指的是唐代以神秀為代表的禪學，南宗禪則是惠能所創立的禪法。北宗禪與南宗禪的概念，形成於惠能的弟子神會與神秀一系的對抗過程中。安史之亂以前，神秀的禪學主張流行於北方京洛一帶，勢力非常大，並且得到武則天與唐中宗的禮遇。神秀及其弟子普寂宣傳以循序漸進的修行為特色的禪法，而當時在嶺南一帶傳教的惠能，則主張「直指心傳」、「見性成佛」，以頓悟為主要的教說。惠能的禪法剛開始勢力並不大，直到惠能的弟子神會在他的著作中，提及神秀、普寂的禪法與南宗有別，並且數度北上向神秀一系挑戰，惠能的禪法才受到更多的重視。安史之亂以後，北宗禪逐漸沒落，南宗禪則因為神會及其諸多弟子的持續闡揚，以及突出一種不拘形式的成佛路途，符合中唐之後社會的需要，而散播開來，終至取代北宗禪，成為中國禪宗的主要代表。

（右圖）宋 梁楷《六祖斫竹圖》
因六祖惠能出家前本為樵夫，因此梁楷的《六祖斫竹圖》，特別能夠表現出惠能獨特的人生閱歷以及禪意。

真理。他到了山上以後，見到了這個著名的老和尚弘忍，是禪宗第五代祖師。弘忍說你是野蠻人，你又是南方人，你到我這裏來幹什麼？砍柴人說，我雖然是野蠻人，也是南方人，但是佛法沒有南北，我也是來追求真理的。弘忍當時就覺得這個人有慧根，很有出息。但是，為了不讓眾人生疑，就讓他去勞動，勞動了八個月以後，這個弘忍年紀大，要選接班人，他怎麼選呢？就讓門下弟子每個人寫一首詩，來表示對佛教真理的理解。這個時候大家都說我們都不要寫，因為有一個年紀大的老學生，叫神秀，這個神秀學問好年紀大，他代表大家寫一個就算了，反正接班人就是他了。神秀也當仁不讓，挺身而出寫了一首「身是菩提樹，心如明鏡台，時時勤拂拭，莫使有塵埃」。這詩寫得很好，包含了佛教的真理。傳統佛教認為，一個人內心是有佛性的，可是外在的現象世界那種虛幻的、骯髒的、誘人上當的灰塵是會污染、遮蔽這個青天白日的，所以你一定要經常擦乾淨，在靈魂深處鬧革命，這樣就可以保持身心清靜，到一個卓越的境界。

這首詩寫出來之後，有人唸給盧樵夫聽，他聽了以後，說好是好，但是不徹底。他央求別人代筆，也寫了一首。他說，「菩提本無樹，明鏡亦無台，佛性常清淨，何處有塵埃。」（敦博本）。他的意思是，智慧本來就不是樹，大家知道菩提是智慧的意思，心靈也不是鏡子，人心中的佛性永遠是清淨的，哪有什麼塵埃？塵埃按照佛理來說，本身就是虛假的東西，所以人性本身就是乾乾淨淨的，怎麼會染上塵埃呢？這是禪宗史上一個著名的故事。正是因為前後這兩首詩，意思有著非常巨大的差異，所以這兩首詩的代表人物就形成了截然不同的兩個佛教流派，這就是禪宗的北宗和南宗。

南宗與北宗

為什麼這兩首詩代表了這麼不同而且重要的意思？北宗說

戒定慧 指戒律、禪定與智慧，是佛教中共同採用的修行方法，因此也被稱為三學。佛教的世界觀認為由於世界萬物混亂不堪，人的身心也變得污穢卑鄙，所以必須借助自己的毅力，進行節制（戒），靠禪定的方法，收斂心性（定），如此才能淨化自己，大覺大悟，達到涅槃境界（慧），也就是一種宗教的感受與體悟。

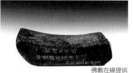

佛教在線提供

吳爾姬攝

（上、中圖）上圖為六祖惠能當年所穿的襪子，下圖為六祖於黃梅五祖寺春米時腰間所繫的腰墜石。
（下圖）六祖惠能的真身，現藏於南華寺。
（右圖）明 丁雲鵬《六祖圖像》
圖中讀經者即為六祖惠能。

「身是菩提樹，心如明鏡台，時時勤拂拭，莫使有塵埃」。這是說，每個人心都有可能是清淨的佛性，但是佛性雖然像明鏡那樣清澈，卻也跟明鏡一樣，避免不了外在灰塵的污染。也就是說，如果你把明鏡和灰塵都作為實在的東西的話，這就不可避免了。所以很多佛教經典都講，人心本來就像大海平靜無波，但是經不住風來吹，於是就會起浪，就像一個明鏡，雖然是清澈的，但是經不住外面很多灰塵，就會形成污染，這個污染是避免不了的，所以你要經常擦，讓它永遠保持乾淨，使得你的心靈處於一種乾淨、自由、淡泊的空靈狀態。我們用唐代常建的詩來說，就是「山光悅鳥性，潭影空人心」。它使得人心也處於一種空的狀態，佛教當中「空」是非常重要的。

可是到了惠能寫的那首就不一樣了。六祖惠能說，「菩提本無樹，明鏡亦無台，佛性常清淨，何處有塵埃。」。他說，人心本就是佛性，本來就是清淨的，是乾淨無比的。至於說灰塵和黑雲，只是鏡子當中的虛幻假相，按照大乘般若學說，所有都是不斷變化的，不可能永恆，無論你擦不擦都是這樣。人心是清淨的，灰塵是虛幻的，只有心中產生了一些誤解，你才會把灰塵當成是真的。這就像柳宗元的詩「心鏡本洞如，鳥飛無蹤跡」。惠能是開創佛教中國南宗的重要人物，他還沒有把話說得很絕，沒有把道理推到極端，真正推到極端的是他的學生馬祖道一。他把這個問題講得非常清楚。他說鏡子是乾淨的，本來鏡中無象，只是隨緣成象，但並不妨礙鏡子本身是乾淨的。鏡子擺在那裏，人來了映在上面，鏡子上面就有象，人走了，沒有照到他，就沒有象，你何必說他是有還是沒有呢？你硬說擦灰塵，那你就把灰塵當作是真的了。如果說，鏡子裏面和外面，一樣都是空的，虛幻的，如果你還當它有，那你就有一個「有」的障礙在了。如果真是明鏡，胡來胡現，漢來漢現，初不作計較，而隨處見成，所以僧肇說：「萬機頓赴，而不撓其神」。人心本來就

23

現存最早的金剛經印刷品是敦煌出土的唐代金剛經，上面標有「咸同九年四月十五日」字樣。金剛經不但改變了中國佛教，也改寫了印刷的歷史。

「泰山經石峪」又名「泰山佛說金剛經」，是北齊天保年間的摩崖石刻。

金剛

爾時，世尊食時，著衣持鉢，入舍衛大城乞食。於其城中，次第乞已，還至本處。飯食訖，收衣鉢，洗足已，敷座而坐。

時，長老須菩提在大眾中，即從座起，偏袒右肩，右膝著地，合掌恭敬而白佛言：希有！世尊！如來善護念諸菩薩，善付囑諸菩薩。

世尊！善男子、善女人，發阿耨多羅三藐三菩提心，應云何住？云何降伏其心？

佛言：善哉，善哉。須菩提！如汝所說，如

金剛經的重要性 根據宋代蔣之奇的說法，達摩到中國時流傳的是《楞伽經》，直到五祖弘忍時常勸僧俗「但持《金剛經》即自見性成佛矣。則是持《金剛經》者始於五祖。故《金剛經》以是盛行於世，而《楞伽》遂無傳焉。」可知《金剛經》的風行是五祖之後，而且主要的原因是《金剛經》是佛法的核心，如果依此修行，可以直證菩提。

而在《金剛經》流傳的過程中，不但發現有鳩摩羅什等六種譯本，注釋本之多也是其他佛經難以望其項背。帝王、文人、販夫走卒等各階層的人都喜讀《金剛經》，有些是讀誦此經以獲得大智慧，有些則認為這樣可以累積功德。抄寫《金剛經》也被認為可以累積功德，所以流行於世的字帖不少，清朝歷代皇帝都有抄寫《金剛經》的習慣。（編輯部）

御筆金剛般若波羅蜜經

乾隆手抄《金剛經》。

北京故宮博物院

金剛般若波羅蜜經

姚秦三藏法師鳩摩羅什譯

法會因由分第一

如是我聞一時佛在舍衛國祇樹給孤獨園與大比丘眾千二百五十人俱爾時世尊食時著衣持鉢入舍衛大城乞食於其城中次第乞已還至本處飯食訖收衣鉢洗足已敷座而坐

善現啟請分第二

時長老須菩提在大眾中即從座起偏袒右肩右膝著地合掌恭敬而白佛言希有世尊如來善護念諸菩薩善付囑諸菩薩世尊善男子善女人發阿耨多羅三藐三菩提心云何應住云何降伏其心佛言善哉善哉須菩提如汝所說如來善護念諸菩薩善付囑諸菩薩汝今諦聽當為汝說善男子善女人發阿耨多羅三藐三菩提心應如是住如是降伏其心唯然世尊願樂欲聞

大乘正宗分第三

佛告須菩提諸菩薩摩訶薩應如是降伏其心所有一切眾生之

衣缽 相傳釋迦牟尼傳法時，曾將他使用過的袈裟（衣）和食器（缽），囑託給弟子迦葉。從迦葉之後，衣缽就以單傳的形式，一代一代傳到了菩提達摩手上。達摩東來中國，衣缽也成為禪法傳承的依據。但是到了五祖弘忍時卻出現了問題，據說弘忍將其傳給惠能，並叮囑惠能趕快離開，逃往南方。在南逃過程中，有數百人沿路追趕，想奪回法衣，但都沒有成功。之後，惠能曾在法性寺展示法衣，以證明自己獲得佛法的正宗。後來惠能認為南北僧俗常常因為衣缽而刀棒相向，因此他選擇不再將法衣往下傳承，也象徵南宗禪希望突破一切執著的宗風。但是，事實上上述的說法來自惠能的弟子神會，並被《壇經》所繼承，是否真的符合當時的歷史真相，還值得商榷。

（右圖）唐代鎏金銅鏡（背面）。因神秀「身如菩提樹，心如明鏡台」的詩句，因此鏡子在佛教裏時常被喻為心的象徵。藉由唐鏡的面貌，更能體會六祖「佛性常清淨，何處有塵埃」之感。
（右下左圖）唐寶相花鑑鏡（背面）
（右下右圖）唐寶相花鑑鏡（正面）

是乾淨的，人心本來就是佛性，你只要回到你的人心，就是到了佛的境界了，所以要放下心來，應該吃什麼吃什麼，應該睡覺就睡覺。這才是中國南宗禪宗的徹底想法。

這個變化是非常大的。如果按照神秀的說法，要時時勤拂拭，就還保留了佛教需要修行，需要維持信仰，需要有人開悟的思想。心靈要經常擦，不要讓它有灰塵，這是傳統佛教最基本的道理。由於因緣的關係，人處在一個苦難和煩惱當中，要解脫這個苦難和煩惱的話，就要通過約束自己的行為。也就是通過守戒律，這就是「戒」；通過打坐保持心靈安靜，這就是「定」；通過認識真理，通過分析一切皆空，這就是「慧」。通過這戒定慧三學才進入一個真理的境界，才可以超越解脫。但是大家知道，按照神秀這個說法，時時勤拂拭，要用三學苦苦約束自己，打坐修行，追求真理，那是非常漫長的過程，所以這個解脫過程是非常緩慢和痛苦的。因此，北宗就是通過漸修，通過慢慢的修行來達到真理境界。神秀代表的是傳統佛教所保持的一些佛教方法。因此，他在臨終的時候給他的弟子留了三個字「屈」、「曲」、「直」，意思是說一個人，從人性到佛性，從世俗世界到真理世界，要經過非常痛苦而漫長的過程。就像一條蛇進入竹筒之前，它是彎彎曲曲的，進入竹筒之後，身體才會慢慢變直。大家要記住，神秀的思想有三個重要的地方，第一是要保持佛教的修行，不修行是不可以解脫的。第二，你可能需要外力的協助，沒有人啟發，是不可能成佛悟道的，也就是說，佛教的師徒相傳還是非常重要的。第三，你要慢慢來，就是漸修。

但是惠能講了另外一個道理。他說一切都是虛幻的，既沒有像智慧樹一樣的身體，也沒有明鏡一樣的心靈，外在世界是虛幻的，是沒有自性的，這些都是因緣湊合的結果。用現代人的經驗來說，這就像電影幕布，電影幕布就是一塊白布，虛幻的聲光化電，變成畫面投在上面，你就以為它是萬

TOP PHOTO

北京故宮博物院

北京故宮博物院

象世界，於是一個觀眾，我們說信仰者就像是觀眾，看到電影就與它同悲共喜，於是耗費了精神和心力，跟著電影走。但是按照惠能說的，一切都是假的。因此你只要明白這個道理，你就可以解脫。禪宗有句話很有道理，丹霞子淳禪師說：「水無蘸月之意，月無分照之意」。意思是說，月亮投在水面上，水面就映出了月亮，但是月亮並沒有說要投到水面上，沾你一點光，水也沒有讓你月亮來沾光，本身就是因緣巧合。所以你只要轉過身去，此岸就是彼岸。從此岸到彼岸，過去要走很久，苦苦修行，走得非常辛苦。但是你一回轉過來，原來此岸就是彼岸，過去講人心離佛心很遠，現在人心就是佛心，於是當下解脫，所以惠能的說法，是一個頓悟之說，這就和北宗神秀的說法截然不同了。在這一點上，北宗和南宗表面上看起來，只是一點點的差異，但是實際上差別非常大，中國有一句話叫「失之毫釐，謬以千里」。在這裏可能角度大概只有三十度角的差異，大家離得很近，但是走到很遠的時候，大家可能就有千里之遠。所以，這兩首詩代表了禪佛教當中巨大的分裂。

這兩首詩寫出來之後，弘忍祖師這個人是非常有改革精神的，雖然神秀在他門下很多年，年紀非常大，據說他活了一百零一歲，活到公元707年才死的。惠能非常年輕，才入門八個月，但是，弘忍看到惠能的詩以後，覺得惠能了不得，他不動聲色，悄悄的半夜叫惠能到他的房間裏。

大家都知道，《西遊記》裏邊孫悟空的師傅單獨教孫悟空的時候，就是在他頭上敲三下，然後背著手出去。敲三下意思是說三更的時候去，背著手就是關上門的意思。弘忍用的也是這個辦法。

弘忍讓他半夜三更去他的房裏，惠能很聰明，他就去了。弘忍跟惠能講了《金剛經》，他說，我現在把象徵著禪宗權力的衣缽授給你，你要知道，自古傳法命如懸絲，所以你拿了衣缽之後，趕快往南。傳說中弘忍還把他送下山了，然後

（上圖）六祖得到傳法衣缽後，隱姓埋名在光孝寺修行多年，如今光孝寺已成為南禪宗重鎮之一。
（中圖）唐儀鳳二年，六祖惠能來到南華寺傳法，廣受僧俗歡迎，南華寺遂成為南禪宗祖庭。
（下圖）廣東梅庵六祖井。六祖晚年回到出生地新州，路過梅庵時在此休憩，後人便於此建了六祖寺。
（右圖）廣州光孝寺六祖塔，六祖便是在此剃度落髮，後人將他落髮處建塔。

佛教史中常有一個重要的現象，那就是「師以徒顯」，惠能就是一例。惠能在弘忍圓寂後即回到嶺南，隱居長達十六年，直到唐中宗永昌元年才出山，到大梵寺開講《摩訶般若波羅蜜法》。此後，惠能聲勢日隆，門下也聚集一批出色的弟子，其中法海與神會對惠能思想的傳播，具有關鍵的重要性。法海記錄下惠能在大梵寺的講法，後來成為中國禪宗史上重要的經典《壇經》。而神會數度到唐朝的中心地帶弘傳南宗的禪思想，更讓惠能禪有機會在八世紀之後與北宗並駕齊驅，甚至取而代之。其實，宗教中常有類似的現象。例如，釋迦牟尼的弟子迦葉與阿難，基督教中耶穌的門徒彼得與保羅等，宗教傳承的香煙，即是靠這些弟子的詮釋與闡揚，得以不斷地延續與發揚光大。

TOP PHOTO

（上圖）杜勒《四聖徒》，畫中人物依序為聖約翰、聖彼得、聖保羅和聖馬可。現藏德國慕尼克舊畫廊。
（右圖）龍門石窟奉先寺中的普賢菩薩與阿難（右）造像。

惠能回到了廣東。惠能一去，隱姓埋名，這個時候惠能還沒有剃度。他就混在獵人堆裏面，一直過了十六年，十六年以後，弘忍已經圓寂了，已經是武則天的時代了。後來他到了法性寺，這裏面有一個印宗法師講禪經，講的時候突然來了陣風，吹著幡動，這個印宗法師就說，你說是風動還是幡動，下邊的人議論紛紛，有的是說風動，有的說幡動，這個時候惠能站出來說，風也不動，幡也不動，是人心自動。印宗聽到了之後非常震驚，馬上下台，讓惠能上台講經。這個時候，惠能才在這個寺當中正式出家。

這個法性寺就是現在廣州的光孝寺。他被稱為六祖惠能，這是因為從禪宗的系譜上，如果從印度開始算起他是三十三代，從中國人算起第六代。

日後惠能到了南華寺，那個時候叫大梵寺，他就開始廣為說法，向各路人等去宣傳，他偉大的見解受到了當地僧俗兩界的歡迎。他的講法就被他的學生法海記錄下來，就是今天的《壇經》。這個《壇經》的問世，成為南方禪宗最重要的經典，按照南方禪宗的說法，如果沒有《壇經》，就不能算是南宗的弟子，《壇經》也是傳授佛法的一個憑據，就像我們現在的文憑一樣，你要有證書才算畢業。所以《壇經》在古代一直流傳下來。而《壇經》的問世和禪宗分為南北，就象徵了一個中國佛教史上也是中國文化史上重要的事情，就是佛教傳入中國以後，終於到這個時候，完全和徹底的變成了中國化的佛教，從印度的禪學發展到了中國的禪宗。這是非常重要的。

剛剛我們說在中國佛教當中，歷來把印度傳來的佛陀所說的當作「經」。因為佛教起源在印度，大家知道外來和尚好唸經。但是，只有這本書是唯一的例外。所以胡適曾經說，這是中國文化史上最偉大的事件。是中國佛教史上關鍵的一次巨大轉變，是從印度佛教向中國佛教轉化的一個最重要的經典。這就是我們說的禪宗的《壇經》。

唐代大足石刻佛像。大足石刻
是唐代末期的宗教石窟，以佛
教題材為主，其中北山摩崖造
像和寶頂山摩崖造像最為有
名。

時代圖片

關於《壇經》的爭執和疑案

我們今天講經典，希望大家有機會讀讀這本書，同時我也要介紹一下這本書的一些非常奇妙、非常複雜、非常特殊的事情。這就是關於《壇經》的爭執和種種的疑案。西方對宗教有一種定義，就是對信仰的理解。宗教是先信仰再理解，你要相信它然後理解它，最後是熱愛它，這是一個宗教的態度。但是對於歷史學的研究者而言，他是理解的信仰，因為他要先把問題說清楚了，搞明白了，弄真實了，然後才會產生信賴，這兩種態度是不一樣的。也許，這裏有佛教的信仰者，但是我要先聲明的一點是，我是歷史研究者，所以我要給大家講一講《壇經》的一些疑案，以及禪宗史當中不怎麼可信的地方。

《壇經》這部書至少在八世紀中葉就一直流傳下來，一千多年以來那麼長的時間，沒有任何人對它提出過疑問。但是到了1920年代，突然問題就出現了，我們現在看到的《壇經》是真的嗎？真是惠能所寫所說的嗎？出現這個疑問是因為1900年前後，中國敦煌有一次巨大的發現，就是在敦煌藏經洞發現了很多古代文書，這些文書最晚的年代是公元一千年以前，其中數量最大的一批是唐代的。在這些唐代文書當中，居然有兩部《壇經》，但是發現的《壇經》和我們現在的《壇經》不太一樣。最簡單的一個差異是，敦煌發現的唐代中期抄的《壇經》只有一萬多字，根據考證的結果是，大概抄寫的時間是公元780年，距離惠能去世也就是六十多年，這個時候只有一萬兩千字，是在惠能最重要的弟子去世二十年之後抄成的文字。這兩個文書，現在一個在大英博物館，一個在敦煌博物館。也許，惠能講的時候，還會更簡單，但是在六十多年後已經有一萬兩千字，這還是最早的。

後來又在日本發現一個北宋早期抄的《壇經》，裏頭有一萬四千字，又多了兩千字出來。到了北宋的中期，有一個最著名的和尚叫契嵩，他整理了一部《壇經》，這個《壇

師普示不壹恩　放法華　大張門　去障瞑　囂浮雲　頭馬羔

生開佛眼咐令見性免淪沉

真乘實空千過　至理信幽深　欲離相非相

髻中珠未得　衣裏實難窮　為寶櫃麝者　還將心照心　如何不重金

〇南宗頓教軍上大乘摩訶波若波羅蜜經六祖惠能大師於韶

州大梵寺施法壇經一卷兼受無相

　　　　　　戒知法弟子法海集記

惠能大師於大梵寺講堂中昇高座說摩訶般若波羅蜜法受无

相戒其時座下僧尼道俗一万餘人韶州刺史遠璆及諸官寮三十餘

人儒士餘人同請大師說摩訶般若波羅蜜法刺史遂令門人僧法海

集記流行後代為學道者承此宗旨遞相傳受有所依約以為稟承

說此壇經惠能大師言善知識淨心念摩訶般若波羅蜜法大師不語自淨

展，《壇經》流傳漸廣，內容
上也有被逐步添加的痕跡。目
前發現的版本大約有十幾種，
其中現存比較有代表性的主要
有以下幾種，分別是：

敦煌本：由日本學者矢吹慶輝
在大英博物館收藏的敦煌文書
中發現，約成書於唐開元二十
年（732）到貞元七年（801）
之間。

敦博本：敦煌人任子宜1935
年在敦煌千佛山上寺發現一個
寫本，後來佚失。1986年才
又被發現收藏在敦煌市博物
館。此版字跡娟秀，且寫得極
為工整，是錯訛較少的寫本。

惠昕本：發現於日本京都興聖
寺。由僧人惠昕於宋太祖乾德
五年（967）改編而成，內容
上分為二卷，約一萬四千字。

契嵩本：約成書於宋仁宗至和
三年（1056），整理者是北宋
僧人契嵩。內容為一卷十品，
字數則增加到約二萬字。

德異本：僧人德異於元世祖至
元二十七年（1290）年改編
完成。

宗寶本：由僧人宗寶於元世祖
至元二十八年（1291）年整
理而成。共有一卷十品，大約
二萬餘字。

目前一般常見的則稱之為「**流
通本**」。

經》有兩萬字，比早期的又多出六千字。可是，我們現在經常
看到的《壇經》，是元代人把它分成十章，重新編過的一個本
子，有兩萬三千字，又多出三千字。看了這個元代多出一倍多
的《壇經》，又看到早期只有一萬兩千字的《壇經》，胡適就
產生了懷疑。他認為這個東西有疑問，《壇經》恐怕不是惠能
講的，也不是惠能在世的時候編的，這可能是他的學生神會寫
的。所以他說，「南宗的急先鋒，北宗的毀滅者，新禪學的建
立者，《壇經》的作者，這就是我們的神會，在中國佛教史上
沒有第二個人有這樣偉大的功勳和永久的影響」。胡適的話一
出來石破天驚。全世界研究禪宗的人這才發現，原來還有這麼
詭異的事情。胡適的說法可能不對，但是給人一種啟示，就是
你不要相信現在所有佛教史上講的話都是真的。因為歷史是
層層積累出來的，攀龍附鳳，添油加醋，歷史上的勝利者常常
會做這樣的事情。我是研究歷史的人，總是會有這樣的疑問，
就是歷史是不是真的是這樣。胡適說的一個證據到現在還不
能推翻，就是《壇經》當中預言，『我死了之後二十年有一個
偉大的人來復興禪宗』，而這個人正好就是神會，因為神會剛
好是在惠能去世以後的整二十年，公元734年在河南滑縣的滑
台大會上，把北禪宗打倒，確立了南禪宗偉大的地位。但是，
人是沒有預言能力的，既然有這個預言，說明這個是後人加進
去的，這也肯定了《壇經》是經過神會修訂的。而且後來的人
又不斷的修訂，所以我們現在看到的是層層積累、代代疊加的
一部《壇經》。

　　這是我作為一個歷史研究者應該提醒的。因為後來的《壇
經》道理講得太周密了，太完善了。大家要知道，傳說當
中，惠能是不識字的，是一個樵夫，可是，惠能真的不識字
嗎？這就很有疑問。大家要想想，惠能的父親是官員，是被
貶官到廣州的。大家都知道韓愈，他就是被皇帝貶到潮州去
了，潮州現在很發達，但是那個時候到處是鱷魚。新州也是
如此。可是問題是，惠能不認識字，怎麼能寫出那二十字詩

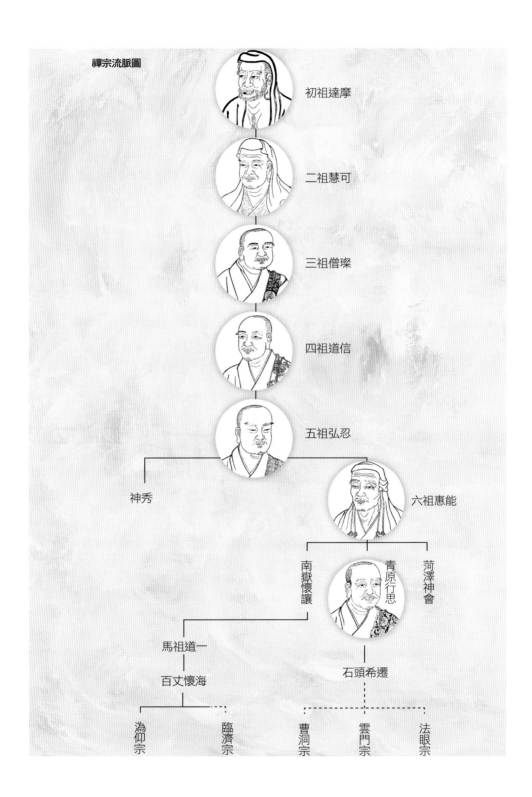

禪宗流脈圖

初祖達摩

二祖慧可

三祖僧璨

四祖道信

五祖弘忍

神秀

六祖惠能

南嶽懷讓　青原行思　菏澤神會

馬祖道一

百丈懷海

石頭希遷

溈仰宗　臨濟宗　曹洞宗　雲門宗　法眼宗

1924年胡適構思撰寫《中國禪宗史》，1926年他在巴黎國家圖書館的敦煌文書中，發現三種敦煌寫本的神會《語錄》，在大英博物館發現神會的《頓悟無生般若頌》，後來又從日本學者處得知大英博物館藏有敦煌寫本《壇經》。經過對這些原始文獻的整理，他發表一系列禪宗史研究成果。例如注意到神會在闡揚惠能思想上的重要性，以及提出應該以歷史人物的角度看待達摩，剔除後世加在他身上的神話色彩等。雖然他的部分研究觀點不無商榷之處，也為後來的學者所修正，但是他對中國禪宗與印度禪之間差異的研究，卻非常重要。他認為，到了惠能之後，才真正形成中國禪，其中《壇經》的出現是一個重要的標誌。禪宗的興起，可視為佛教中國化的「一個很偉大的運動」。他也從思想史角度出發，指出由於佛教的中國化，才有了中國理學的出現。

（上圖）菏澤神會法師
（右圖）敦煌出土的絹畫，其中可見佛坐於台上，供養人坐於下方聽講。

一樣的東西來。你說他一點字都不認識，我不相信。我認為這是一種誇大的說法。我們再舉一個例子，就算古代的人比我們精通文言文一點，你不信你去試試看，誰能一聽《金剛經》馬上就非常明白的？這表示惠能一定有慧根，而且一定是有文化的，否則他當不了六祖。所以我們說，禪宗歷史上是有很多複雜的事情的。

在我們學歷史的人眼睛裏，對於很多事情都有疑問。像是達摩老祖，我們先不說有什麼易筋經，會武術什麼的。按照傳說，達摩是隻履西歸。但是，這是靠不住的，又比如，我們現在知道，他是劉宋時代到中國的，他並沒有和梁武帝對過話，如果不維持他的光輝形象的話，我們甚至可以說，他可能還死得很慘，可能是被他的同門菩提流支和光統法師下毒而死。三祖僧璨，可能還是一個痲瘋病人。歷史上真正的六祖，被弘忍認可的，可能既不是神秀，也不是惠能，而是少林寺的法如。為什麼這麼說，這是因為早期的敦煌資料當中有記載，而且還有碑刻資料可以證明。又比如說，中唐時代南宗除了菏澤神會的系統外，根本沒有青原、南嶽兩派，後來就是洪州一派，歷史上有很多很複雜的事情，在歷史學家看來都是要重新審查的，但是對於信仰者和愛好者來說，可以不必去管這些歷史學家爭論的事情。

《壇經》和禪宗的中心思想之一：靜坐

最後我們講《壇經》和禪宗的中心思想。

第一，請大家注意，讀《壇經》的話，一定要了解靜坐，也就是禪定。禪定本來在印度瑜伽修行中、在佛教中，都是一種實踐的方法，是教人如何數息、靜坐、排除雜念，達到安心的方法，而不是一個理論體系或者佛教宗派。那麼，它為什麼在中國會從印度禪學形成中國禪宗，為什麼能夠從單純的佛教的實踐方法，變成了一個有關人生的宗教理論，甚至包含了對於整個宇宙、社會和生命的理解，並且在六到九

43

敦煌莫高窟出土唐代佛像壁畫。敦煌藏經洞的發現不只是讓外界了解唐代的民間藝術，在佛教研究上也有重大的突破，這些敦煌出土的佛教故事壁畫，提供了佛教中國化的演變脈絡。

敦煌佛教壁畫。敦煌位處古代
絲綢之路上，傳統中國文化與
西域傳入的佛教文化在此交
融，衍生出豐富的佛教壁畫。

TOP PHOTO

世紀逐漸發展成中國最有影響力的佛教宗派？它有著什麼樣的歷史變化？這是讀《壇經》必須要理解的問題。因為你講禪就離不開靜坐，為什麼靜坐會從宗教實踐變成宗教理論，從最重要的自我安心的實踐方法，變成一種對人生的超越境界的追求。

之二：空、無

第二，讀《壇經》一定要理解什麼是禪宗所說的佛性，以及禪宗所說的空。什麼是禪宗對於自心和空的理解，這種理解和道家的「無」，怎麼樣既區別又聯繫？大家知道禪宗有一個非常著名的語錄。有人問，什麼是佛法？禪師說我不懂佛法，我只懂道。如果按照這個話來說，六祖就已經把佛法放在一邊，而要用中國「道」的說法了。這固然是故意貶低經典，希望追求人內心的感悟，但是，這也暗示了佛教從印度的佛教，向中國的老莊之學轉化的一個重要標誌。所以，我們讀《壇經》的時候，一定要注意，它關於自己的內心和宇宙的空的一些理解，它怎麼樣跟道家的「道」、「無」既聯繫又區別，以及他們最後怎麼樣合流，使中國的佛教和「老莊之學」合在一起。

之三：直心、頓悟

第三，我們要知道什麼是直心。按照《壇經》的說法，直心就是不加掩飾的真實的心靈，那麼這個心靈如何才能頓悟，才能無念、無住、無相？這種直心、頓悟、無念、無住、無相，又怎麼樣向後來禪宗的「平常心是道」發展的？後來的禪宗完全不再講究修行、儀禮，不再講究苦苦的守戒，甚至他們認為那些儀禮、崇拜、戒律都是約束人的，都是沒有意義的。所以，晚唐的時候，禪宗發展到訶佛罵祖，發展到這種極端，其實背後有一個理解，就是說要認直心，要頓悟，要無念無住無相，甚至最好是平常心。大家從

空手把鋤頭 出自《指月錄》。這是南朝時善慧大士傅翕（497-569）所做的一首禪詩。意指不要把常識世界當成不變動的事實，應該拋棄執著，不被外在的境界所羈絆，如此才能來去自如。

「面南看北斗」出自《五燈會元》。有人問雲門文偃禪師：佛法的大意是什麼？禪師回答：「面南看北斗，仰面看波斯」。北斗星只能向北看，面南如何能看得到？文偃禪師藉著此一說法，叫人不需向外用力，只要回頭自悟本心即可。

「寸絲不掛」的公案出自《五燈會元》。雪峰禪師（822-908）與玄機透過一來一往的對話，展現各自的禪學功力，最後，雪峰禪師「好個寸絲不掛」的說法，不僅表露出機鋒，更表現出修禪不能只是在口頭上說說，更重要的是實修與真正參透。

（右圖）維摩詰是古印度一位在家修行的居士，他現身說法的經典《維摩詰經》屬於大乘經典，提到菩薩身心已清淨，一直都保持清淨解脫狀態，布施、持戒、忍辱、精進、禪定、智慧及方便力都已具足。是在家人禪定具足的代表。

電影、電視可能很熟悉這兩句話：「酒肉穿腸過，佛祖心中留」，可是到晚唐的時候，佛祖都不在心中留了，我心就是佛。有人問你是什麼？什麼是佛？他就說，父母生你之前，你是什麼？所以他要超越你父母生下來，已經固定為張三、李四的那個我。你要回到你父母還沒生你以前，比如說我姓葛，因為我生下來就是姓葛，如果說你生下來沒有父母，你就可以隨便姓了，那就自由了。所以他說要回到父母生你以前，那個空闊自由的空間。

之四：不立文字

第四，禪宗非常強調不要拘泥在經典和文字上，你要用你的心理解真理，而且要用心感悟一切。可是大家也會覺得奇怪，既然不要文字，為什麼禪宗留下《壇經》之後，還有各種各樣的機鋒、公案、語錄和評唱？這是因為，禪宗所說的不立文字，並不是說不要文字，而是說不要確定文字，要用心去領悟。所以大家會覺得禪宗語錄為什麼像瘋話，這就是在給你搗亂，讓你放棄對語言的執著。我給大家講一個有趣的語錄。它說：「空手把鋤頭，步行騎水流，橋從人上過，橋流水不流」（傅翕，南朝梁武帝時的在家居士，又稱善慧大士，與寶誌並稱為梁朝二大士。著有《善慧大士語錄》四卷行世）。還有「面南看北斗，仰面看波斯」（雲門文偃禪師）。還有人問，什麼是禪？他說「秋風來了露更多」，他說的這個禪，其實是說夏天的那個蟬。還有人問什麼是推官（古代的一種官職）？禪師就拿一個拂塵說，你推得動這個嗎？他說的不是「推官」的「推」，而是「推得動推不動」的「推」，完全是牛頭不對馬嘴嘛；還有一個比丘尼玄機來了以後，雪峰禪師問她：「什麼是佛法？」比丘尼自以為很高明，說「寸絲不掛」。然後這個和尚就故意踩她的裙子，結果比丘尼一走跌了一個踉蹌，他嘲笑說：「好一個寸絲不掛」。禪師講這些古怪的話，目的就是要你不要相信語言所

明代的董其昌曾將山水畫分為南北二宗，其中被推為南宗代表的就是王維。他的山水畫以水墨渲染，將清曠的山水與空靈的意境結合為一。之後，五代宋初的畫家，如董源、巨然承襲這樣的風格，山水畫逐漸擺脫附屬的地位，成為獨立的畫種。

禪宗同樣影響了建築空間的營造與設計。比較突出的代表是日本禪宗園林的枯山水。枯山水擅長用石塊、砂石、樹木，在極小的空間中，幻化出高山大壑、萬頃海洋，也就是以寫意的方式模擬大自然。而禪宗的意境概念也表現在現代建築的空間設計中，如日本建築師安藤忠雄的設計即被稱為富含東方禪意。

©CORBIS

（上圖）禪宗傳入日本後，大盛於鎌倉時代，並衍生出「枯山水」藝術，以石代山、以白砂代水，表達禪的意境。
（右圖）洪啟嵩繪禪畫《清靜》。

表達的意義，他用這種似瘋似傻的矛盾語言，破壞你對語言習慣性的依賴。禪宗為了讓你不要做習慣性的聯想，不要拘泥在文字上，他就編了很多奇怪的話。當你不再相信這些文字的時候，你就會相信你自己的心。這就是禪宗的中心思想。讀《壇經》的時候，請大家務必要注意。

中國人與禪宗

最後，跳開歷史學家的立場，我們來看看作為一個禪宗的愛好者，可以怎麼去理解。禪宗是非常合乎中國人的胃口的。在五世紀末六世紀初，著名的詩人謝靈運寫過一篇《辯宗論》。他說，印度人容易受宗教的約束，但不大容易體會到宗教當中的理，所以要靠外在行為和修行維持他的宗教信仰。相對的，中國的士大夫容易理解道理，但是不太容易尊崇宗教的約束。這個說法意味著中國人因為容易見理，所以喜歡頓悟，頓悟對中國士大夫來說比較輕鬆、愉快、超越、瀟灑。禪宗就是給人們提供了一種在心裏面心念一轉，可以理解人生的道理。中國的禪宗提倡的是，在剎那中解脫自己，在內心當中達到最終的超越。

馬祖道一與天皇道悟的故事

最後講兩個故事，一個是馬祖道一的故事。我認為他是禪宗最偉大的人之一，也是把南宗禪真正發揚光大的重要人物。在他沒有領悟禪宗意旨的時候，他天天在南嶽的大石頭那裏坐禪，他的老師看到他，也不講話，就找了一塊磚頭，在馬祖靜坐的大石頭旁邊拚命的磨。馬祖說，你磨磚幹嗎？他的老師說，我做鏡子。馬祖說，磚怎麼可能做鏡子？老師說，你坐禪就可以坐出佛了嗎？一切都要在一剎那的自我體驗當中，在意念當中超越。還有一個是天皇道悟的故事。他是馬祖道一的學生，龍潭崇信投到天皇道悟門下拜師，每天伺候他。這個道悟呢，來飯就吃，來茶就喝。後來時間長

©洪啟嵩

了，崇信就說，你怎麼也不指點我佛法呢？然後道悟就跟他說，我不是一直在教你嗎？這個崇信突然頓悟，佛就是平常心。你作為一個禪宗愛好者，你要領悟和學習的，就是生活當中的自然、適宜和做好每一件平常的事情。

一般人如何閱讀《壇經》

我想，如果是一個愛好者，是一個初入門的學者，可以去看北京中華書局所出的郭朋《壇經校釋》。另外希望大家看一些最簡單的禪宗入門書。我想，禪宗的道理最簡單的就是，第一、禪是什麼，靜坐是什麼？第二、如何直心和頓悟？第三、如何是空？第四是為什麼不要過度的迷信文本？我想這個道理其實都很淺，如果讀《壇經》的話，最好讀一些普通參考書為好，其實《壇經》本身就一個講話的記錄，應該說還是比較容易懂的。如果說，你只需要直接理解的話，我建議大家讀後來元代分為十章的《六組壇經》，那個其實很容易懂。大家再找一本上海辭書出版社出的《宗教辭典》，裏面有一些不太懂的詞，可以查查那個書。若是一些有研究興趣的人，則不妨讀郭朋先生的《壇經校釋》。

今天讀《壇經》的意義

如果是愛好者的話，最重要的是，第一、要懂得禪宗提倡的保持身心放鬆和自然。第二、不要過度被現在所有的理性和知識所約束，能夠有一些自己直覺的體驗。尤其是文學和藝術方面的東西，禪宗還是可以為你帶來超乎尋常的想像力的。

故事漫畫

菩提本無樹

李志清

香港藝術家，擅長漫畫、插畫、水墨畫。曾獲日本首屆「國際漫畫賞」。
漫畫作品有《射鵰英雄傳》、《笑傲江湖》、《孔子論語》、《孫子兵法》等。

六祖惠能，本貫范陽，左降流於嶺南，
父早亡，老母孤遺，移來南海；
艱辛貧乏，於市賣柴。

客誦何經？

應無所住，而生其心。

金剛經！

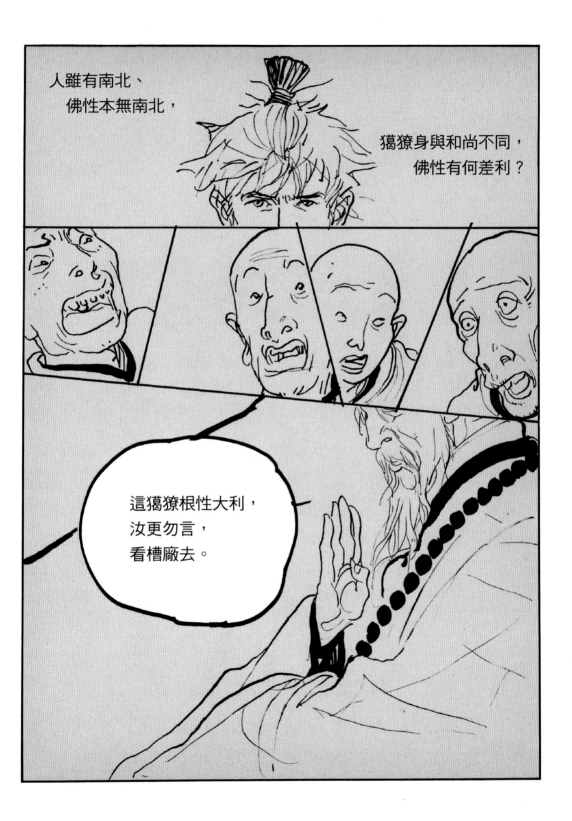

汝等各以本心般若之性，
各作一偈來呈，
若悟大意，付汝衣法，
為第六代祖。

神秀上座，現為教授師，必是他得。

我輩謾作偈頌，枉用心力。

諸人不作、我若不呈，如何知我心中凡解深淺？

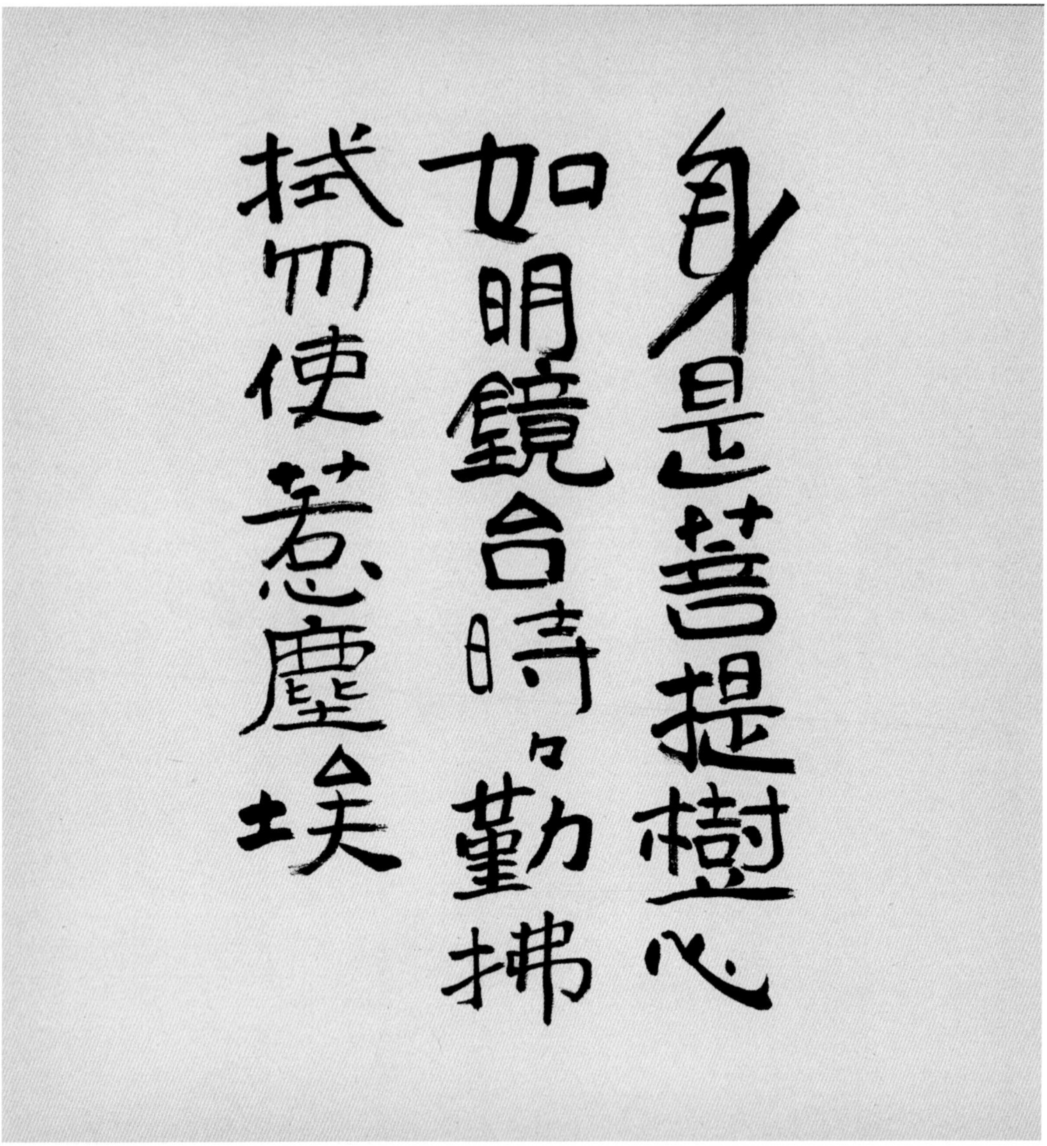

身是菩提樹

心如明鏡台

時々勤拂拭

勿使惹塵埃

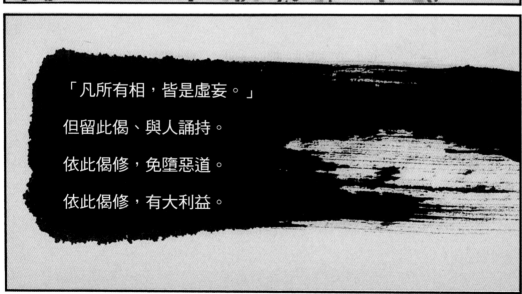

「凡所有相，皆是虛妄。」

但留此偈、與人誦持。

依此偈修，免墮惡道。

依此偈修，有大利益。

原典選讀

六祖大師法寶壇經

風旛報恩光孝禪寺住持嗣祖比丘宗寶編

郝明義標點

本選讀本之《六祖大師法寶壇經》，依據流通本，並根據《大正藏》版本校正。

◎行由第一

時，大師至寶林。韶州韋刺史^{名璩}與官僚入山請師，出於城中大梵寺講堂，為眾開緣說法。師陞座次，刺史、官僚三十餘人，儒宗學士三十餘人，僧尼道俗一千餘人，同時作禮，願聞法要。

大師告眾曰：「善知識！菩提自性，本來清淨，但用此心，直了成佛。善知識！且聽惠能行由得法事意。惠能嚴父，本貫范陽，左降流於嶺南，作新州百姓。此身不幸，父又早亡，老母孤遺，移來南海，艱辛貧乏，於市賣柴。時，有一客買柴，使令送至客店。客收去，惠能得錢，卻出門外，見一客誦經。

「惠能一聞經語，心即開悟，遂問客誦何經。客曰：『《金剛經》。』復問：『從何所來，持此經典？』客云：『我從蘄州黃梅縣東禪寺來。其寺是五祖忍大師在彼主化，門人一千有餘。我到彼中禮拜，聽受此經。大師常勸僧俗，但持《金剛經》，即自見性，直了成佛。』惠能聞說，宿昔有緣，乃蒙一客取銀十兩與惠能，令充老母衣糧，教便往黃梅參禮五祖。

「惠能安置母畢，即便辭違。不經三十餘日，便至黃梅，禮拜五祖。祖問曰：『汝何方人？欲求何物？』惠能對曰：『弟子是嶺南新州百姓，遠來禮師，惟求作佛，不求餘物。』祖言：『汝是嶺南人，又是獦

獠，若為堪作佛？』惠能曰：『人雖有南北，佛性本無南北；獦獠身與和尚不同，佛性有何差別？』五祖更欲與語，且見徒眾總在左右，乃令隨眾作務。惠能曰：『惠能啟和尚，弟子自心，常生智慧，不離自性，即是福田。未審和尚教作何務？』祖云：『這獦獠根性大利。汝更勿言，著槽廠去！』惠能退至後院，有一行者，差惠能破柴踏碓。

「經八月餘，祖一日忽見惠能曰：『吾思汝之見可用，恐有惡人害汝，遂不與汝言。汝知之否？』惠能曰：『弟子亦知師意，不敢行至堂前，令人不覺。』

「祖一日喚諸門人總來：『吾向汝說，世人生死事大。汝等終日只求福田，不求出離生死苦海，自性若迷，福何可救？汝等各去，自看智慧，取自本心般若之性，各作一偈，來呈吾看。若悟大意，付汝衣法，為第六代祖。火急速去，不得遲滯。思量即不中用。見性之人，言下須見。若如此者，輪刀上陣，亦得見之喻利根者！』眾得處分，退而遞相謂曰：『我等眾人，不須澄心用意作偈，將呈和尚，有何所益？神秀上座，現為教授師，必是他得。我輩謾作偈頌，枉用心力。』餘人聞語，總皆息心，咸言：『我等已後依止秀師，何煩作偈？』

「神秀思惟：『諸人不呈偈者，為我與他為教授

師。我須作偈，將呈和尚。若不呈偈，和尚如何知我心中見解深淺？我呈偈意，求法即善，覓祖即惡，卻同凡心奪其聖位奚別？若不呈偈，終不得法。大難！大難！』

「五祖堂前，有步廊三間，擬請供奉盧珍畫《楞伽經》變相，及〈五祖血脈圖〉，流傳供養。神秀作偈成已，數度欲呈，行至堂前，心中恍惚，遍身汗流，擬呈不得。前後經四日，一十三度呈偈不得。秀乃思惟：『不如向廊下書著，從他和尚看見，忽若道好，即出禮拜，云是秀作。若道不堪，枉向山中數年，受人禮拜，更修何道？』

「是夜三更，不使人知，自執燈，書偈於南廊壁間，呈心所見。偈曰：

身是菩提樹，心如明鏡台，
時時勤拂拭，勿使惹塵埃。

「秀書偈了，便卻歸房，人總不知。秀復思惟：『五祖明日見偈歡喜，即我與法有緣。若言不堪，自是我迷，宿業障重，不合得法。』聖意難測，房中思想，坐臥不安，直至五更。

「祖已知神秀入門未得，不見自性。天明，祖喚盧供奉來，向南廊壁間，繪畫圖相，忽見其偈，報言：『供奉卻不用畫，勞爾遠來。經云：凡所有相，皆是虛妄。但留此偈，與人誦持。依此偈修，免墮惡道；依此偈修，有大利益。』令門人炷香禮敬，盡誦此偈，即得見性。門人誦偈，皆歎善哉！

「祖三更喚秀入堂，問曰：『偈是汝作否？』秀言：『實是秀作。不敢妄求祖位，望和尚慈悲，看弟子有少智慧否？』祖曰：『汝作此偈，未見本性，只到門外，未入門內。如此見解，覓無上菩提，了不可得。無上菩提，須得言下識自本心，見自本性不生不滅，於一切時中，念念自見萬法無滯，一真一切真，萬境自如如。如如之心，即是真實。若如是見，即是無上菩提之自性也。汝且去，一兩日思惟，更作一偈將來，吾看汝偈若入得門，付汝衣法。』

「神秀作禮而出。又經數日，作偈不成，心中恍惚，神思不安，猶如夢中，行坐不樂。

「復兩日，有一童子於碓坊過，唱誦其偈。惠能一聞，便知此偈未見本性。雖未蒙教授，早識大意。遂問童子曰：『誦者何偈？』童子曰：『爾這獦

獠，不知大師言，世人生死事大，欲得傳付衣法，令門人作偈來看。若悟大意，即付衣法為第六祖。神秀上座，於南廊壁上，書無相偈，大師令人皆誦，依此偈修，免墮惡道；依此偈修，有大利益。』惠能曰一本有「我亦要誦此，結來生緣」：『上人！我此踏碓，八箇餘月，未曾行到堂前。望上人引至偈前禮拜。』童子引至偈前禮拜，惠能曰：『惠能不識字，請上人為讀。』時，有江州別駕，姓張名日用，便高聲讀。惠能聞已，遂言：『亦有一偈，望別駕為書。』別駕言：『汝亦作偈？其事希有！』惠能向別駕言：『欲學無上菩提，不得輕於初學。下下人有上上智，上上人有沒意智。若輕人，即有無量無邊罪。』別駕言：『汝但誦偈，吾為汝書。汝若得法，先須度吾。勿忘此言！』惠能偈曰：

菩提本無樹，明鏡亦非台；
本來無一物，何處惹塵埃！

「書此偈已，徒眾總驚，無不嗟訝，各相謂言：『奇哉！不得以貌取人，何得多時，使他肉身菩薩。』

「祖見眾人驚怪，恐人損害，遂將鞋擦了偈，曰：『亦未見性！』眾以為然。

「次日，祖潛至碓坊，見能腰石舂米，語曰：『求

道之人，為法忘軀，當如是乎！』乃問曰：『米熟也未？』惠能曰：『米熟久矣，猶欠篩在。』祖以杖擊碓三下而去。惠能即會祖意，三鼓入室，祖以袈裟遮圍，不令人見，為說《金剛經》。至『應無所住而生其心』，惠能言下大悟，一切萬法，不離自性。遂啟祖言：『何期自性，本自清淨！何期自性，本不生滅！何期自性，本自具足！何期自性，本無動搖！何期自性，能生萬法！』祖知悟本性，謂惠能曰：『不識本心，學法無益；若識自本心，見自本性，即名丈夫、天人師、佛。』三更受法，人盡不知，便傳頓教及衣缽，云：『汝為第六代祖，善自護念，廣度有情，流布將來，無令斷絕。聽吾偈曰：

有情來下種，因地果還生，
無情既無種，無性亦無生。』

「祖復曰：『昔達磨大師，初來此土，人未之信，故傳此衣，以為信體，代代相承；法則以心傳心，皆令自悟自解。自古，佛佛惟傳本體，師師密付本心；衣為爭端，止汝勿傳。若傳此衣，命如懸絲。汝須速去，恐人害汝。』惠能啟曰：『向甚處去？』祖云：『逢懷則止，遇會則藏。』

79

「惠能三更領得衣鉢，云：『能本是南中人，素不知此山路，如何出得江口？』五祖言：『汝不須憂，吾自送汝。』祖相送，直至九江驛。祖令上船，五祖把艣自搖。惠能言：『請和尚坐。弟子合搖艣。』祖云：『合是吾渡汝。』惠能云：『迷時師度，悟了自度。度名雖一，用處不同。惠能生在邊方，語音不正，蒙師傳法，今已得悟，只合自性自度。』

「祖云：『如是！如是！以後佛法，由汝大行。汝去三年，吾方逝世。汝今好去，努力向南。不宜速說，佛法難起。』

「惠能辭違祖已，發足南行。兩月中間，至大庾嶺<small>五祖歸，數日不上堂。眾疑，詣問曰：『和尚少病少惱否？』曰：『病即無。衣法已南矣。』問：『誰人傳授？』曰：『能者得之。』眾乃知焉，</small>逐後數百人來，欲奪衣鉢。

「一僧俗姓陳，名惠明，先是四品將軍，性行麤慥，極意參尋，為眾人先，趁及惠能。惠能擲下衣鉢於石上，云：『此衣表信，可力爭耶？』能隱草莽中。惠明至，提掇不動，乃喚云：『行者！行者！我為法來，不為衣來。』惠能遂出，坐盤石上。惠明作禮云：『望行者為我說法。』惠能云：『汝既為法而來，可屏息諸緣，勿生一念。吾為汝說明。』良久，惠能云：『不思善，不思惡，正與

麼時，那箇是明上座本來面目？』惠明言下大悟。復問云：『上來密語密意外，還更有密意否？』惠能云：『與汝說者，即非密也。汝若返照，密在汝邊。』明曰：『惠明雖在黃梅，實未省自己面目。今蒙指示，如人飲水，冷暖自知。今行者即惠明師也。』惠能曰：『汝若如是，吾與汝同師黃梅，善自護持。』明又問：『惠明今後向甚處去？』惠能曰：『逢袁則止，遇蒙則居。』明禮辭。明回至嶺下，謂趁眾曰：『向陟崔嵬，竟無蹤跡，當別道尋之。』趁眾咸以為然。惠明後改道明，避師上字。

「惠能後至曹溪，又被惡人尋逐。乃於四會，避難獵人隊中，凡經一十五載，時與獵人隨宜說法。獵人常令守網，每見生命，盡放之。每至飯時，以菜寄煮肉鍋。或問，則對曰：『但喫肉邊菜。』

「一日思惟：『時當弘法，不可終遯。』遂出至廣州法性寺，值印宗法師講《涅槃經》。時有風吹旛動，一僧曰：『風動。』一僧曰：『旛動。』議論不已。惠能進曰：『不是風動，不是旛動，仁者心動。』一眾駭然。印宗延至上席，徵詰奧義。見惠能言簡理當，不由文字，宗云：『行者定非常人。久聞黃梅衣法南來，莫是行者否？』惠能曰：『不敢。』宗於是作禮，告請傳來衣缽出示大眾。宗復問曰：『黃梅付囑，如何指授？』惠能曰：『指授即無，惟論見

性，不論禪定解脫。」宗曰：『何不論禪定解脫？』能曰：『為是二法，不是佛法。佛法是不二之法。』宗又問：『如何是佛法不二之法？』惠能曰：『法師講《涅槃經》，明佛性，是佛法不二之法。如高貴德王菩薩白佛言：「犯四重禁、作五逆罪，及一闡提等，當斷善根佛性否？」佛言：「善根有二：一者常，二者無常，佛性非常非無常，是故不斷，名為不二。一者善，二者不善，佛性非善非不善，是名不二。蘊之與界，凡夫見二，智者了達其性無二，無二之性即是佛性。」』

「印宗聞說，歡喜合掌，言：『某甲講經，猶如瓦礫；仁者論義，猶如真金。』於是為惠能剃髮，願事為師。惠能遂於菩提樹下，開東山法門。

「惠能於東山得法，辛苦受盡，命似懸絲。今日得與使君、官僚、僧尼、道俗同此一會，莫非累劫之緣，亦是過去生中供養諸佛，同種善根，方始得聞如上頓教得法之因。教是先聖所傳，不是惠能自智。願聞先聖教者，各令淨心，聞了各自除疑，如先代聖人無別。」一眾聞法，歡喜作禮而退。

次日，韋使君請益。師陞座，告大眾曰：「總淨心念摩訶般若波羅蜜多。」復云：「善知識！菩提般若之智，世人本自有之；只緣心迷，不能自悟，須假大善知識，示導見性。當知愚人智人，佛性本無差別，只緣迷悟不同，所以有愚有智。吾今為說摩訶般若波羅蜜法，使汝等各得智慧。志心諦聽！吾為汝說。

「善知識！世人終日口念般若，不識自性般若，猶如說食不飽。口但說空，萬劫不得見性，終無有益。善知識！摩訶般若波羅蜜是梵語，此言大智慧到彼岸。此須心行，不在口念。口念心不行，如幻、如化、如露、如電；口念心行，則心口相應。本性是佛，離性無別佛。

「何名摩訶？摩訶是大。心量廣大，猶如虛空，無有邊畔，亦無方圓大小，亦非青黃赤白，亦無上下長短，亦無瞋無喜，無是無非，無善無惡，無有頭尾。諸佛剎土，盡同虛空。世人妙性本空，無有一法可得。自性真空，亦復如是。善知識！莫聞吾說空，便即著空。

第一莫著空，若空心靜坐，即著無記空。

「善知識！世界虛空，能含萬物色像，日月星

宿、山河大地、泉源谿澗、草木叢林、惡人善人、惡法善法、天堂地獄、一切大海、須彌諸山，總在空中。世人性空，亦復如是。善知識！自性能含萬法是大，萬法在諸人性中。若見一切人惡之與善，盡皆不取不捨亦不染著，心如虛空，名之為大，故曰摩訶。善知識！迷人口說，智者心行。又有迷人，空心靜坐，百無所思，自稱為大。此一輩人，不可與語，為邪見故。善知識！心量廣大，遍周法界，用即了了分明，應用便知一切。一切即一，一即一切。去來自由，心體無滯，即是般若。

「善知識！一切般若智，皆從自性而生，不從外入。莫錯用意，名為真性自用。一真一切真，心量大事，不行小道。口莫終日說空，心中不修此行。恰似凡人自稱國王，終不可得，非吾弟子。善知識！何名般若？般若者，唐言智慧也。一切處所，一切時中，念念不愚，常行智慧，即是般若行。一念愚即般若絕，一念智即般若生。世人愚迷，不見般若，口說般若，心中常愚。常自言：『我修般若。』念念說空，不識真空。般若無形相，智慧心即是。若作如是解，即名般若智。

「何名波羅蜜？此是西國語，唐言到彼岸，解義離生滅。著境生滅起，如水有波浪，即名為此岸；

離境無生滅，如水常通流，即名為彼岸，故號波羅蜜。善知識！迷人口念，當念之時，有妄有非。念念若行，是名真性。悟此法者，是般若法；修此行者，是般若行。不修即凡；一念修行，自身等佛。善知識！凡夫即佛，煩惱即菩提。前念迷即凡夫，後念悟即佛。前念著境即煩惱，後念離境即菩提。

「善知識！摩訶般若波羅蜜，最尊最上最第一，無住無往亦無來，三世諸佛從中出。當用大智慧，打破五蘊煩惱塵勞。如此修行，定成佛道，變三毒為戒定慧。善知識！我此法門，從一般若生八萬四千智慧。何以故？為世人有八萬四千塵勞。若無塵勞，智慧常現，不離自性。悟此法者，即是無念、無憶、無著，不起誑妄，用自真如性，以智慧觀照，於一切法不取不捨，即是見性成佛道。

「善知識！若欲入甚深法界及般若三昧者，須修般若行，持誦《金剛般若經》，即得見性。當知此經功德無量無邊，經中分明讚歎，莫能具說。此法門是最上乘，為大智人說，為上根人說。小根小智人聞，心生不信。何以故？譬如大龍下雨於閻浮提，城邑聚落，悉皆漂流如漂棗葉。若雨大海，不增不減。若大乘人，若最上乘人，聞說《金剛經》，心開悟解。故知本性自有般若之智，自用智

慧，常觀照故，不假文字。譬如雨水，不從天有，元是龍能興致，令一切眾生、一切草木、有情無情，悉皆蒙潤。百川眾流，卻入大海，合為一體。眾生本性般若之智，亦復如是。

「善知識！小根之人，聞此頓教，猶如草木根性小者，若被大雨，悉皆自倒，不能增長。小根之人，亦復如是。元有般若之智，與大智人更無差別，因何聞法不自開悟？緣邪見障重、煩惱根深。猶如大雲覆蓋於日，不得風吹，日光不現。般若之智亦無大小，為一切眾生自心迷悟不同，迷心外見，修行覓佛。未悟自性，即是小根；若開悟頓教，不能外修，但於自心常起正見，煩惱塵勞常不能染，即是見性。

「善知識！內外不住，去來自由，能除執心，通達無礙。能修此行，與般若經本無差別。善知識！一切修多羅及諸文字，大小二乘，十二部經，皆因人置。因智慧性，方能建立。若無世人，一切萬法本自不有。故知萬法本自人興，一切經書，因人說有。緣其人中有愚有智，愚為小人，智為大人；愚者問於智人，智者與愚人說法，愚人忽然悟解心開，即與智人無別。善知識！不悟，即佛是眾生；一念悟時，眾生是佛。故知萬法盡在自心，何不從

自心中，頓見真如本性？《菩薩戒經》云：『我本元自性清淨，若識自心見性，皆成佛道。』《淨名經》云：『即時豁然，還得本心。』

「善知識！我於忍和尚處，一聞言下便悟，頓見真如本性。是以將此教法流行，令學道者頓悟菩提。各自觀心，自見本性。若自不悟，須覓大善知識、解最上乘法者，直示正路。是善知識有大因緣，所謂化導令得見性，一切善法因善知識能發起故。三世諸佛、十二部經，在人性中本自具有。不能自悟，須求善知識指示方見；若自悟者，不假外求。若一向執謂須他善知識方得解脫者，無有是處。何以故？自心內有知識自悟。若起邪迷、妄念顛倒，外善知識雖有教授，救不可得。若起正真般若觀照，一剎那間，妄念俱滅。若識自性，一悟即至佛地。善知識！智慧觀照，內外明徹，識自本心。若識本心，即本解脫。若得解脫，即是般若三昧，即是無念。何名無念？若見一切法，心不染著，是為無念。用即遍一切處，亦不著一切處。但淨本心，使六識出六門，於六塵中無染無雜，來去自由，通用無滯，即是般若三昧、自在解脫，名無念行。若百物不思，當令念絕，即是法縛，即名邊見。善知識！悟無念法者，萬法盡通；悟無念法者，見諸佛境界；悟無念法者，至佛地位。

「善知識！後代得吾法者，將此頓教法門，於同見同行，發願受持，如事佛故，終身而不退者，定入聖位。然須傳授從上以來默傳分付，不得匿其正法。若不同見同行，在別法中，不得傳付。損彼前人，究竟無益。恐愚人不解，謗此法門，百劫千生，斷佛種性。

「善知識！吾有一無相頌，各須誦取，在家出家，但依此修。若不自修，惟記吾言，亦無有益。聽吾頌曰：

說通及心通，如日處虛空，
唯傳見性法，出世破邪宗。
法即無頓漸，迷悟有遲疾，
只此見性門，愚人不可悉。
說即雖萬般，合理還歸一，
煩惱闇宅中，常須生慧日。
邪來煩惱至，正來煩惱除，
邪正俱不用，清淨至無餘。
菩提本自性，起心即是妄，
淨心在妄中，但正無三障。
世人若修道，一切盡不妨，
常自見己過，與道即相當。
色類自有道，各不相妨惱，

離道別覓道，終身不見道。

波波度一生，到頭還自懊，

欲得見真道，行正即是道。

自若無道心，闇行不見道，

若真修道人，不見世間過。

若見他人非，自非卻是左，

他非我不非，我非自有過。

但自卻非心，打除煩惱破，

憎愛不關心，長伸兩腳臥。

欲擬化他人，自須有方便，

勿令彼有疑，即是自性現。

佛法在世間，不離世間覺，

離世覓菩提，恰如求兔角。

正見名出世，邪見是世間，

邪正盡打卻，菩提性宛然。

此頌是頓教，亦名大法船，

迷聞經累劫，悟則剎那間。」

師復曰：「今於大梵寺說此頓教，普願法界眾生，言下見性成佛。」

時，韋使君與官僚道俗，聞師所說，無不省悟。一時作禮，皆歎：「善哉！何期嶺南有佛出世！」

◎ 疑問第三

一日，韋刺史為師設大會齋。齋訖，刺史請師陞座，同官僚、士庶肅容再拜，問曰：「弟子聞和尚說法，實不可思議。今有少疑，願大慈悲，特為解說。」

師曰：「有疑即問，吾當為說。」

韋公曰：「和尚所說，可不是達磨大師宗旨乎？」

師曰：「是。」

公曰：「弟子聞：達磨初化梁武帝，帝問云：『朕一生造寺度僧、布施設齋，有何功德？』達磨言：『實無功德。』弟子未達此理，願和尚為說。」

師曰：「實無功德。勿疑先聖之言。武帝心邪，不知正法。造寺度僧、布施設齋，名為求福，不可將福便為功德。功德在法身中，不在修福。」

師又曰：「見性是功，平等是德。念念無滯，常見本性，真實妙用，名為功德。內心謙下是功，外行於禮是德。自性建立萬法是功，心體離念是德。不離自性是功，應用無染是德。若覓功德法身，但依此作，是真功德。若修功德之人，心即不輕，常行普敬。心常輕人，吾我不斷，即自無功；自性

虛妄不實，即自無德。為吾我自大，常輕一切故。善知識！念念無間是功，心行平直是德。自修性是功，自修身是德。善知識！功德須自性內見，不是布施供養之所求也。是以福德與功德別。武帝不識真理，非我祖師有過。」

刺史又問曰：「弟子常見僧俗念阿彌陀佛，願生西方。請和尚說，得生彼否？願為破疑。」

師言：「使君善聽，惠能與說。世尊在舍衛城中，說西方引化。經文分明，去此不遠。若論相說，里數有十萬八千，即身中十惡八邪，便是說遠。說遠為其下根，說近為其上智。人有兩種，法無兩般。迷悟有殊，見有遲疾。迷人念佛求生於彼，悟人自淨其心。所以佛言：『隨其心淨即佛土淨。』使君東方人，但心淨即無罪。雖西方人，心不淨亦有愆。東方人造罪，念佛求生西方。西方人造罪，念佛求生何國？凡愚不了自性，不識身中淨土，願東願西。悟人在處一般。所以佛言：『隨所住處恆安樂。』使君心地但無不善，西方去此不遙。若懷不善之心，念佛往生難到。今勸善知識，先除十惡即行十萬，後除八邪乃過八千。念念見性，常行平直，到如彈指，便睹彌陀。使君但行十善，何須更願往生？不斷十惡之心，何佛即來迎請？若悟無生頓法，見西方只在剎那。不悟念佛求

生，路遙如何得達？惠能與諸人，移西方於剎那間，目前便見。各願見否？」

眾皆頂禮云：「若此處見，何須更願往生？願和尚慈悲，便現西方，普令得見。」

師言：「大眾！世人自色身是城，眼耳鼻舌是門，外有五門，內有意門。心是地，性是王。王居心地上，性在王在，性去王無。性在身心存，性去身心壞。佛向性中作，莫向身外求。自性迷即是眾生，自性覺即是佛。慈悲即是觀音，喜捨名為勢至，能淨即釋迦，平直即彌陀。人我是須彌，貪欲是海水，煩惱是波浪，毒害是惡龍，虛妄是鬼神，塵勞是魚鱉，貪瞋是地獄，愚癡是畜生。善知識！常行十善，天堂便至。除人我，須彌倒；去貪欲，海水竭；煩惱無，波浪滅；毒害除，魚龍絕。自心地上覺性，如來放大光明；外照六門清淨，能破六欲諸天；自性內照，三毒即除；地獄等罪一時銷滅，內外明徹不異西方。不作此修，如何到彼？」

大眾聞說，了然見性，悉皆禮拜，俱歎善哉。唱言：「普願法界眾生，聞者一時悟解。」

師言：「善知識！若欲修行，在家亦得，不由在

寺。在家能行，如東方人心善；在寺不修，如西方人心惡。但心清淨，即是自性西方。」

韋公又問：「在家如何修行？願為教授。」

師言：「吾與大眾說無相頌。但依此修，常與吾同處無別；若不依此修，剃髮出家於道何益？頌曰：

心平何勞持戒，行直何用修禪！
恩則孝養父母，義則上下相憐，
讓則尊卑和睦，忍則眾惡無諠，
若能鑽木出火，淤泥定生紅蓮。
苦口的是良藥，逆耳必是忠言。
改過必生智慧，護短心內非賢。
日用常行饒益，成道非由施錢。
菩提只向心覓，何勞向外求玄。
聽說依此修行，西方只在目前。」

師復曰：「善知識！總須依偈修行，見取自性，直成佛道。時不相待，眾人且散，吾歸曹溪。眾若有疑，卻來相問。」

時，刺史、官僚、在會善男信女，各得開悟，信受奉行。

◎ 定慧第四

師示眾云：「善知識！我此法門，以定慧為本。大眾！勿迷，言定慧別。定慧一體，不是二。定是慧體，慧是定用。即慧之時定在慧，即定之時慧在定。若識此義，即是定慧等學。諸學道人，莫言先定發慧、先慧發定各別。作此見者，法有二相。口說善語，心中不善。空有定慧，定慧不等。若心口俱善、內外一如，定慧即等。自悟修行，不在於諍。若諍先後，即同迷人，不斷勝負，卻增我法，不離四相。善知識！定慧猶如何等？猶如燈光。有燈即光，無燈即闇。燈是光之體，光是燈之用；名雖有二，體本同一。此定慧法，亦復如是。」

師示眾云：「善知識！一行三昧者，於一切處行住坐臥，常行一直心是也。《淨名》云：『直心是道場，直心是淨土。』莫心行諂曲，口但說直，口說一行三昧，不行直心。但行直心，於一切法勿有執著。迷人著法相，執一行三昧，直言：『常坐不動，妄不起心，即是一行三昧。』作此解者，即同無情，卻是障道因緣。善知識！道須通流，何以卻滯？心不住法，道即通流；心若住法，名為自縛。若言常坐不動是，只如舍利弗宴坐林中，卻被維摩詰訶。善知識！又有人教坐，看心觀靜，不動不起，從此置功。迷人不會，便執成顛。如此者眾，如是相教，故知大錯。」

師示眾云：「善知識！本來正教，無有頓漸，人性自有利鈍。迷人漸修，悟人頓契。自識本心，自見本性，即無差別，所以立頓漸之假名。善知識！我此法門，從上以來，先立無念為宗，無相為體，無住為本。無相者，於相而離相。無念者，於念而無念。無住者，人之本性。於世間善惡好醜，乃至冤之與親，言語觸刺欺爭之時，並將為空，不思酬害，念念之中不思前境。若前念今念後念，念念相續不斷，名為繫縛。於諸法上念念不住，即無縛也。此是以無住為本。善知識！外離一切相，名為無相。能離於相，即法體清淨。此是以無相為體。善知識！於諸境上，心不染，曰無念。於自念上，常離諸境，不於境上生心。若只百物不思，念盡除卻，一念絕即死，別處受生，是為大錯。學道者思之！若不識法意，自錯猶可，更誤他人；自迷不見，又謗佛經，所以立無念為宗。善知識！云何立無念為宗？只緣口說見性，迷人於境上有念，念上便起邪見，一切塵勞妄想從此而生。自性本無一法可得，若有所得，妄說禍福，即是塵勞邪見，故此法門立無念為宗。

「善知識！無者，無何事？念者，念何物？無者，無二相，無諸塵勞之心。念者，念真如本性。

真如即是念之體，念即是真如之用。真如自性起念，非眼耳鼻舌能念。真如有性，所以起念；真如若無，眼耳色聲當時即壞。善知識！真如自性起念，六根雖有見聞覺知，不染萬境，而真性常自在。故經云：『能善分別諸法相，於第一義而不動。』」

◎ 坐禪第五

師示眾云：「此門坐禪，元不著心，亦不著淨，亦不是不動。若言著心，心元是妄，知心如幻，故無所著也。若言著淨，人性本淨，由妄念故，蓋覆真如，但無妄想，性自清淨。起心著淨，卻生淨妄。妄無處所，著者是妄。淨無形相，卻立淨相，言是工夫，作此見者，障自本性，卻被淨縛。善知識！若修不動者，但見一切人時，不見人之是非善惡過患，即是自性不動。善知識！迷人身雖不動，開口便說他人是非、長短、好惡，與道違背。若著心著淨，即障道也。」

師示眾云：「善知識！何名坐禪？此法門中，無障無礙，外於一切善惡境界，心念不起，名為坐；內見自性不動，名為禪。善知識！何名禪定？外離相為禪，內不亂為定。外若著相，內心即亂；外若離相，心即不亂。本性自淨自定，只為見境、思

境即亂。若見諸境心不亂者，是真定也。善知識！外離相即禪，內不亂即定。外禪內定，是為禪定。《菩薩戒經》云：『我本元自性清淨。』善知識！於念念中，自見本性清淨，自修自行，自成佛道。」

◎ 懺悔第六

時，大師見廣韶洎四方士庶，駢集山中聽法，於是陞座，告眾曰：「來，諸善知識！此事須從自事中起，於一切時，念念自淨其心。自修自行，見自己法身，見自心佛，自度自戒，始得不假到此。既從遠來，一會於此，皆共有緣。今可各各胡跪，先為傳自性五分法身香，次授無相懺悔。」眾胡跪。

師曰：「一、戒香。即自心中無非無惡、無嫉妒、無貪瞋、無劫害，名戒香。二、定香。即睹諸善惡境相，自心不亂，名定香。三、慧香。自心無礙，常以智慧觀照自性，不造諸惡，雖修眾善，心不執著，敬上念下，矜恤孤貧，名慧香。四、解脫香。即自心無所攀緣，不思善、不思惡，自在無礙，名解脫香。五、解脫知見香。自心既無所攀緣善惡，不可沉空守寂，即須廣學多聞，識自本心，達諸佛理，和光接物，無我無人，直至菩提，真性不易，名解脫知見香。善知識！此香各自內薰，莫

向外覓。今與汝等授無相懺悔，滅三世罪，令得三業清淨。

「善知識！各隨我語，一時道：『弟子等，從前念、今念及後念，念念不被愚迷染。從前所有惡業、愚迷等罪，悉皆懺悔，願一時銷滅，永不復起。弟子等，從前念、今念及後念，念念不被憍誑染。從前所有惡業、憍誑等罪，悉皆懺悔，願一時銷滅，永不復起。弟子等，從前念、今念及後念，念念不被嫉妒染。從前所有惡業、嫉妒等罪，悉皆懺悔，願一時銷滅，永不復起。』善知識！已上是為無相懺悔。

「云何名懺？云何名悔？懺者，懺其前愆，從前所有惡業，愚迷、憍誑、嫉妒等罪，悉皆盡懺，永不復起，是名為懺。悔者，悔其後過，從今以後，所有惡業，愚迷、憍誑、嫉妒等罪，今已覺悟，悉皆永斷，更不復作，是名為悔。故稱懺悔。凡夫愚迷，只知懺其前愆，不知悔其後過。以不悔故，前愆不滅，後過又生。前愆既不滅，後過復又生，何名懺悔？

「善知識！既懺悔已，與善知識發四弘誓願，各須用心正聽：『自心眾生無邊誓願度！自心煩惱無

邊誓願斷！自性法門無盡誓願學！自性無上佛道誓願成！』善知識！大家豈不道：『眾生無邊誓願度？恁麼道，且不是惠能度？』善知識！心中眾生，所謂邪迷心、誑妄心、不善心、嫉妒心、惡毒心，如是等心，盡是眾生。各須自性自度，是名真度。何名自性自度？即自心中邪見、煩惱、愚癡眾生，將正見度。既有正見，使般若智打破愚癡迷妄眾生，各各自度。邪來正度，迷來悟度，愚來智度，惡來善度；如是度者，名為真度。

「又，『煩惱無邊誓願斷』，將自性般若智，除卻虛妄思想心是也。又，『法門無盡誓願學』，須自見性，常行正法，是名真學。又，『無上佛道誓願成』，既常能下心，行於真正，離迷離覺，常生般若，除真除妄，即見佛性，即言下佛道成。常念修行，是願力法。

「善知識！今發四弘願了，更與善知識授無相三歸依戒。善知識！歸依覺，兩足尊。歸依正，離欲尊。歸依淨，眾中尊。從今日去，稱覺為師，更不歸依邪魔外道，以自性三寶常自證明，勸善知識歸依自性三寶。佛者，覺也。法者，正也。僧者，淨也。自心歸依覺，邪迷不生，少欲知足，能離財色，名兩足尊。自心歸依正，念念無邪見，以無邪見故，即無人我貢

高，貪愛執著，名離欲尊。自心歸依淨，一切塵勞愛欲境界，自性皆不染著，名眾中尊。

「若修此行，是自歸依。凡夫不會，從日至夜受三歸戒。若言歸依佛，佛在何處？若不見佛，憑何所歸？言卻成妄。善知識！各自觀察，莫錯用心。經文分明言：『自歸依佛，不言歸依他佛。』自佛不歸，無所依處。今既自悟，各須歸依自心三寶，內調心性，外敬他人，是自歸依也。

「善知識！既歸依自三寶竟，各各志心，吾與說一體三身自性佛，令汝等見三身了然，自悟自性。總隨我道：『於自色身，歸依清淨法身佛。於自色身，歸依圓滿報身佛。於自色身，歸依千百億化身佛。』善知識！色身是舍宅，不可言歸。向者三身佛，在自性中，世人總有；為自心迷，不見內性，外覓三身如來，不見自身中有三身佛。汝等聽說，令汝等於自身中，見自性有三身佛。此三身佛，從自性生，不從外得。

「何名清淨法身佛？世人性本清淨，萬法從自性生。思量一切惡事，即生惡行；思量一切善事，即生善行。如是諸法在自性中，如天常清，日月常明，為浮雲蓋覆，上明下暗。忽遇風吹雲散，上下俱

明，萬象皆現。世人性常浮游，如彼天雲。善知識！智如日，慧如月，智慧常明。於外著境，被妄念浮雲蓋覆自性，不得明朗。若遇善知識，聞真正法，自除迷妄，內外明徹，於自性中萬法皆現。見性之人，亦復如是，此名清淨法身佛。善知識！自心歸依自性，是歸依真佛。自歸依者，除卻自性中不善心、嫉妒心、諂曲心、吾我心、誑妄心、輕人心、慢他心、邪見心、貢高心，及一切時中不善之行，常自見己過，不說他人好惡，是自歸依。常須下心，普行恭敬，即是見性通達，更無滯礙，是自歸依。

「何名圓滿報身？譬如一燈能除千年闇，一智能滅萬年愚。莫思向前，已過不可得；常思於後，念念圓明，自見本性。善惡雖殊，本性無二；無二之性，名為實性。於實性中不染善惡，此名圓滿報身佛。自性起一念惡，滅萬劫善因；自性起一念善，得恆沙惡盡。直至無上菩提，念念自見，不失本念，名為報身。

「何名千百億化身？若不思萬法，性本如空，一念思量，名為變化。思量惡事，化為地獄；思量善事，化為天堂。毒害化為龍蛇，慈悲化為菩薩，智慧化為上界，愚癡化為下方。自性變化甚多，迷人不能省覺，念念起惡，常行惡道。迴一念善，智慧即生，此名自性化身佛。

「善知識！法身本具，念念自性自見，即是報身佛。從報身思量，即是化身佛。自悟自修自性功德，是真歸依。皮肉是色身，色身是舍宅，不言歸依也。但悟自性三身，即識自性佛。吾有一無相頌，若能師持，言下令汝積劫迷罪，一時銷滅。頌曰：

迷人修福不修道，只言修福便是道，
布施供養福無邊，心中三惡元來造。
擬將修福欲滅罪，後世得福罪還在，
但向心中除罪緣，名自性中真懺悔。
忽悟大乘真懺悔，除邪行正即無罪，
學道常於自性觀，即與諸佛同一類。
吾祖惟傳此頓法，普願見性同一體，
若欲當來覓法身，離諸法相心中洗。
努力自見莫悠悠，後念忽絕一世休，
若悟大乘得見性，虔恭合掌至心求。」

師言：「善知識！總須誦取，依此修行。言下見性，雖去吾千里，如常在吾邊；於此言下不悟，即對面千里，何勤遠來？珍重，好去。」

一眾聞法，靡不開悟，歡喜奉行。

....

◎ 頓漸第八

時，祖師居曹溪寶林，神秀大師在荊南玉泉寺。於時兩宗盛化，人皆稱南能北秀，故有南北二宗頓漸之分，而學者莫知宗趣。

師謂眾曰：「法本一宗，人有南北。法即一種，見有遲疾。何名頓漸？法無頓漸，人有利鈍，故名頓漸。」

然，秀之徒眾，往往譏南宗祖師，不識一字，有何所長？秀曰：「他得無師之智，深悟上乘。吾不如也。且吾師五祖，親傳衣法。豈徒然哉！吾恨不能遠去親近，虛受國恩。汝等諸人，毋滯於此，可往曹溪參決。」一日，命門人志誠曰：「汝聰明多智，可為吾到曹溪聽法。若有所聞，盡心記取，還為吾說。」

志誠稟命至曹溪，隨眾參請，不言來處。時，祖師告眾曰：「今有盜法之人，潛在此會。」

志誠即出禮拜，具陳其事。

師曰：「汝從玉泉來，應是細作。」

對曰：「不是。」

師曰：「何得不是？」

對曰：「未說即是，說了不是。」

師曰：「汝師若為示眾？」

對曰：「常指誨大眾，住心觀靜，長坐不臥。」

師曰：「住心觀靜，是病非禪；長坐拘身，於理何益？聽吾偈曰：

生來坐不臥，死去臥不坐，一具臭骨頭，何為立功課？」

志誠再拜曰：「弟子在秀大師處學道九年，不得契悟。今聞和尚一說，便契本心。弟子生死事大，和尚大慈，更為教示。」

師云：「吾聞汝師教示學人戒定慧法，未審汝師說戒定慧行相如何？與吾說看。」

誠曰：「秀大師說，諸惡莫作名為戒，諸善奉行名為慧，自淨其意名為定。彼說如此，未審和尚以何法誨人？」。師曰：「吾若言有法與人，即為誑汝。但且隨方解縛，假名三昧。如汝師所說戒定慧，實不可思議。吾所見戒定慧又別。」

志誠曰：「戒定慧只合一種，如何更別？」

師曰：「汝師戒定慧接大乘人，吾戒定慧接最上

乘人。悟解不同，見有遲疾。汝聽吾說，與彼同否？吾所說法，不離自性。離體說法，名為相說，自性常迷。須知一切萬法，皆從自性起用，是真戒定慧法。聽吾偈曰：

心地無非自性戒，心地無癡自性慧，
心地無亂自性定，不增不減自金剛，
身去身來本三昧。」

誠聞偈，悔謝，乃呈一偈曰：

「五蘊幻身，幻何究竟？迴趣真如，法還不淨。」

師然之，復語誠曰：「汝師戒定慧，勸小根智人；吾戒定慧，勸大根智人。若悟自性，亦不立菩提涅槃，亦不立解脫知見。無一法可得，方能建立萬法。若解此意，亦名佛身，亦名菩提涅槃，亦名解脫知見。見性之人，立亦得，不立亦得，去來自由，無滯無礙，應用隨作，應語隨答，普見化身，不離自性，即得自在神通遊戲三昧，是名見性。」

志誠再啟師曰：「如何是不立義？」

師曰：「自性無非、無癡、無亂，念念般若觀照，常離法相，自由自在，縱橫盡得，有何可立？自性自悟，頓悟頓修，亦無漸次，所以不立一切法。諸法寂滅，有何次第？」

志誠禮拜，願為執侍，朝夕不懈。^{誠吉州太}（誠吉州太和人也。）

⋯⋯⋯⋯⋯⋯⋯⋯⋯⋯⋯

○

有一童子，名神會，襄陽高氏子。年十三，自玉泉來參禮。師曰：「知識遠來艱辛，還將得本來否？若有本則合識主，試說看。」

會曰：「以無住為本，見即是主。」

師曰：「這沙彌爭合取次語？」

會乃問曰：「和尚坐禪，還見不見？」

師以柱杖打三下，云：「吾打汝痛不痛？」

對曰：「亦痛亦不痛。」

師曰：「吾亦見亦不見。」

神會問：「如何是亦見亦不見？」

師云：「吾之所見，常見自心過愆，不見他人是非好惡，是以亦見亦不見。汝言：『亦痛亦不痛』如何？汝若不痛，同其木石；若痛，則同凡夫，即起恚恨。汝向前，見、不見是二邊，痛、不痛是生

滅。汝自性且不見，敢爾弄人！」

神會禮拜悔謝。師又曰：「汝若心迷不見，問善知識覓路。汝若心悟，即自見性，依法修行。汝自迷不見自心，卻來問吾見與不見。吾見自知，豈代汝迷？汝若自見，亦不代吾迷。何不自知自見，乃問吾見與不見？」

神會再禮百餘拜，求謝過愆。服勤給侍，不離左右。

一日，師告眾曰：「吾有一物，無頭無尾，無名無字，無背無面。諸人還識否？」

神會出曰：「是諸佛之本源，神會之佛性。」

師曰：「向汝道：『無名無字』，汝便喚作本源佛性。汝向去有把茆蓋頭，也只成箇知解宗徒。」

祖師滅後，會入京洛，大弘曹溪頓教，著《顯宗記》，盛行於世。_{是為荷澤禪師。}

....

這本書的譜系
Related Reading

簡介：洪啟嵩

《心經》

般若智慧的核心精義。菩薩成佛，證得無上菩提的簡明心要。

《法華經》

被稱為「經中之王」的大乘佛經，宣揚聲聞、緣覺、菩薩等大小三乘，會歸於唯一的佛乘，眾生都將成佛的究竟真義。

《楞伽經》

大乘佛教的重要經典，禪宗的先驅要典，闡述諸法如幻的宗旨，是菩提達摩以此經傳授慧可，依此相承，形成楞伽師一系，成為後世禪宗的先導。

《涅槃經》

闡述眾生皆有佛性，連極惡的眾生都能成佛，並宣明佛身常住不滅及常、樂、我、淨的深義。可謂大乘佛教的極致之論。

《金剛經》

與心經同為中國最受歡迎的佛典，宣明般若智慧宛如金剛不壞，能使眾生成就無上菩提，而圓滿成佛。自六祖慧能之後，成為南宗禪的核心經典。

《梵網經》

此經上卷在義理上與「華嚴經」相通，被視為華嚴的結經。下卷主明大乘菩薩戒，此戒無分在家與出家，而開發自身佛性為核心，可視為「佛性戒」說明眾生受佛戒即入諸佛位，以建立佛子的自覺而實踐菩薩道。

《淨名經》（維摩詰經）

以維摩詰（又稱為「淨名、無垢稱」）菩薩為核心的大乘經典。維摩詰以一在家的大菩薩，證得無上深智的不二法門，在經中以不可思議的境界，教化導引大眾證入究竟的實相境界。

《小品般若》

梵本《八千頌般若經》的漢譯，解說般若波羅蜜多（「智慧」或「智慧究竟的完成」）的經典，以般若觀照法界現空的實相，而證入無上菩提的佛境。

《大品般若》

梵本《二萬五千頌般若經》約相當於玄奘《大般若經》第二會的漢譯本。此經詳述菩薩的智慧修證，從信解般若到實相般若，圓滿菩薩的境界、修行，乃至證果，以究竟成佛。龍樹菩薩的《大智度論》即是此《大品般若》的釋論。

延伸的書、音樂、影像
Books, Audio & Videos

《壇經校釋》

作者：惠能，郭朋 校釋

出版社：中華書局，2005年

《壇經》是我國佛教禪宗的經典。作者惠能為禪宗創始人，倡導「明心見性」，即所謂「直指人心」、「見性成佛」。本書以日本學者鈴木貞太郎、公田連太郎校訂的敦煌寫本為底本，參照惠昕、契嵩、宗寶三種改編本進行校釋。

《禪宗與中國文化》

作者：葛兆光

出版社：上海人民出版社，1998年

本書是從中國文化史的角度來研究禪宗的。禪宗作為中國文化史上的一種思想現象，它對中華民族以心理性格、思維方式、基本觀念的影響，勢必是研究的主題。本書圍繞著心理性格，人生哲學與生活情趣，審美情趣與藝術思維這幾方面展開討論。

《景德傳燈錄》

作者：釋道原

出版社：新文豐出版社，1974年

本書是中國禪宗史上第一部以「傳燈」命名的燈體著作，亦是一部重要的禪宗典籍。它反映了禪宗發展的趨向和風貌，自兩宋之後，被奉為禪宗史的經典之作。

《中國禪宗史》

作者：印順

出版社：正聞出版社，1988年

菩提達摩傳來而發展成的禪宗，在中國佛教史、中國文化史上，占有重要的光輝的一頁。本書所著眼的，是從印度禪演化為中華禪。印度傳來的達摩禪，從達摩到惠能，雖不斷演化，而實質為一貫的如來禪。

《簡明宗教辭典》

作者：趙匡為

出版社：上海辭書出版社，2006年

本辭典收錄宗教學名詞術語、學說學派、人物、教義、經籍書文、教制教職、禮儀節日以及名山、聖地、寺院、宮觀、教堂、清真寺。正文按學科編排，依次為宗教一般（宗教總論）、佛教、基督教、伊斯蘭教、道教、其他宗教、其他七大類，各大類又細分為小類依次編排。

《金剛經講義》

作者：江味農 講述，余晉、阮添愉 點校

出版社：黃山書社，2006年

作者根據敦煌石窟的寫經及古大德數十幾種註疏，詳細地校對訂正全經的經文，可以說是《金剛經》最好的版本。

《禪宗的傳承與參禪方法》

作者：洪啟嵩

出版社：全佛文化，2005年

本書闡明中國禪宗的歷史傳承與祖師家風，開解禪門「一案斷生死」的公案機鋒，及直指人心的參禪路徑，深入禪門智慧大海。

《一隻牡羊的金剛經筆記》

作者：郝明義

出版社：網路與書，2009年

本書有作者對自己的回顧，細部描繪他如何花了十多年時間和自己的「念頭」掙扎，並且以一個企業經營者的身分，說出他對《金剛經》接觸的經過與心得。並附有全新現代標點的《金剛經》、《金剛經解義》、《六祖壇經》、《心經》合刊本。

《六祖壇經・禪》

作者：蔡志忠

出版社：時報文化，1992年

禪學是生活的智慧與藝術，能夠讓人在忙碌的生活中，領悟出自由。作者透過文字和漫畫來闡述禪理，讓人讀起來有如身歷其境。

《達摩祖師傳》

導演：袁振洋

主演：樊少皇、爾冬陞、午馬、惠天賜

達摩祖師，南印度人，主要宣揚「二入四行」禪法，是中國佛教始祖，對中國文化有深遠的影響。本片講述中國佛家一祖菩提達摩傳揚佛教的事蹟，以及之後傳於二祖慧可的經歷。

世界佛教論壇

http://www.wbf.net.cn/

世界佛教論壇是由兩岸三地佛教界發起，其宗旨是為世界佛教徒搭建一個交流、合作、對話的平台。

經典3.0
ClassicsNow.net

明鏡與風幡 六祖壇經

原著：惠能
導讀：葛兆光
故事漫畫：李志清

策畫：郝明義
主編：徐淑卿
美術設計：張士勇
編輯：李佳姍
圖片編輯：陳怡慈
編輯助理：崔瑋娟
美術編輯：倪孟慧　戴妙容
邊欄短文寫作：何淑宜
校對：呂佳真

感謝北京故宮博物院對本書之圖片內容提供特別支持與協助

企畫：網路與書股份有限公司
出版者：大塊文化出版股份有限公司
台北市10550南京東路四段25號11樓
www.locuspublishing.com
讀者服務專線：0800-006689
TEL：886-2-87123898　FAX：886-2-87123897
郵撥帳號：18955675
戶名：大塊文化出版股份有限公司
法律顧問：全理法律事務所董安丹律師

總經銷：大和書報圖書股份有限公司
地址：台北縣新莊市五工五路2號
TEL：886-2-8990-2588　FAX：886-2-2290-1658
製版：瑞豐實業股份有限公司
初版一刷：2010年5月
定價：新台幣220元
Printed in Taiwan

明鏡與風幡《六祖壇經》= The Sutra of Hui Neng
/ 惠能原著；葛兆光導讀；李志清故事繪畫.
-- 初版. -- 臺北市：大塊文化，2010.05
面；　公分. -- (經典 3.0；003)

ISBN 978-986-213-167-1(平裝)

1. 六祖壇經 2. 注釋

226.62　　　　　　　　　　99001444